Schriften zu Recht und Ethik
der Digitalen Transformation

Herausgegeben von

Prof. Dr. Johanna Hey
Prof. Dr. Dr. h. c. Stephan Hobe
Prof. Dr. Christian Katzenmeier
Prof. Dr. Torsten Körber
Dr. Claes Neuefeind
Prof. Dr. Dr. Frauke Rostalski
Prof. Dr. Dr. h. c. Martin Waßmer

Band 3

Christian Katzenmeier | Stefania Schrag-Slavu

Telenotarzt

Berufsrecht, Haftungsrecht, Medizinprodukterecht, Datenschutzrecht

 Nomos

Onlineversion
Nomos eLibrary

Die Deutsche Nationalbibliothek verzeichnet diese Publikation in
der Deutschen Nationalbibliografie; detaillierte bibliografische
Daten sind im Internet über http://dnb.d-nb.de abrufbar.

ISBN 978-3-8487-8278-9 (Print)
ISBN 978-3-7489-2078-6 (ePDF)

1. Auflage 2021
© Nomos Verlagsgesellschaft, Baden-Baden 2021. Gesamtverantwortung für Druck
und Herstellung bei der Nomos Verlagsgesellschaft mbH & Co. KG. Alle Rechte, auch
die des Nachdrucks von Auszügen, der fotomechanischen Wiedergabe und der Über-
setzung, vorbehalten. Gedruckt auf alterungsbeständigem Papier.

Vorwort

Die Digitalisierung des Gesundheitswesens verändert die Krankenversorgung grundlegend. Innovative Versorgungsstrukturen verheißen eine bessere Patientenbehandlung. Als technische Neuerung ist insbesondere die Telemedizin in den Blickpunkt der öffentlichen Diskussion gerückt.

Nicht zuletzt die Notfallversorgung knüpft große Hoffnungen und Erwartungen an den Einsatz telemedizinischer Anwendungen. Bei dem hier vorgestellten Telenotarzt-System handelt es sich um das führende Projekt des Landes Nordrhein-Westfalen in der Digitalisierungsstrategie im Gesundheitswesen. Vor dem Hintergrund des Notarztmangels sowie der bevorstehenden Schließung von Notarztstandorten zielt das Telenotarzt-System darauf ab, die Effizienz der gesamten Prozesskette der Rettungseinsätze zu steigern, dadurch die Qualität der Notfallversorgung zu verbessern und zugleich die Kosten zu reduzieren.

Bei dem Betrieb des Telenotarzt-Systems müssen Bestimmungen aus verschiedenen Rechtsgebieten beachtet werden. Die Implementierung dieses Systems ist unter berufsrechtlichen, haftungsrechtlichen, medizinproduktrechtlichen und datenschutzrechtlichen Aspekten zu analysieren.

Die vorliegende Schrift basiert auf einem Rechtsgutachten, das die Verfasser im Auftrag des Ministeriums für Arbeit, Gesundheit und Soziales des Landes Nordrhein-Westfalen (MAGS NRW) im Jahr 2020 erstellt haben. Dieses schließt an eine Erstbegutachung aus dem Jahr 2009 im Rahmen des vom Bundesministerium für Wirtschaft (BMWi) geförderten Forschungsprojekt „Med-on-@ix" an (*Katzenmeier/Schrag-Slavu*, Rechtsfragen des Einsatzes der Telemedizin im Rettungsdienst, Kölner Schriften zum Medizinrecht, Springer, 2010).

Rechtsprechung und Literatur konnten bis November 2020, vereinzelt darüber hinaus berücksichtigt werden. Berücksichtigung fand auch noch die Novellierung des Notfallsanitätergesetzes durch das MTA-Reformgesetz v. 24.2.2021 (BGBl I, S. 274 ff.).

Die Verfasser danken *Dr. Claudia Achterfeld*, *Leon Birck*, *Lukas Reitebuch* und *Tobias Solscheid* für wertvolle Mitarbeit und Diskussionen, dem gesamten Team des Instituts für Medizinrecht der Universität zu Köln für Unterstützung.

Köln, im Februar 2021   *Christian Katzenmeier* und *Stefania Schrag-Slavu*

Inhaltsverzeichnis

Teil 1. Einführung   11

I. Einsatz der Telemedizin im Gesundheits- und Rettungswesen   11
II. Begriffsbestimmung   12
   1. Gesundheitstelematik und Telemedizin   13
   2. Präklinische Notfallmedizin und Notfallversorgung   14
III. Das Rettungswesen als Institution der präklinischen Notfallmedizin   16
   1. Rechtliche Rahmenbedingungen und Organisation des Rettungsdienstes in Nordrhein-Westfalen   16
   2. Das Rettungsfachpersonal   17
   3. Kompetenzverteilung im Rettungswesen   18
     a. Horizontale und vertikale Arbeitsteilung   19
     b. Vertrauensgrundsatz   20

Teil 2. Medizinrechtliche Fragestellungen des Telenotarzt-Systems NRW   22

I. Zielsetzung und Einsatzmöglichkeiten des Telenotarzt-Systems   22
II. Rechtliche und technische Durchführbarkeit   25
   1. Das Telenotarzt-System und fachliche Standards   26
     a. Der fachliche Standard in der Notfallmedizin   26
     b. Der Facharztstandard in der Notfallmedizin   27
   2. Das Telenotarzt-System und die ärztliche Therapiefreiheit   29
   3. Vereinbarkeit des Telenotarzt-Systems mit den Bestimmungen des § 7 Abs. 4 MBO-Ä   30
   4. Einsatzrahmen des Rettungsfachpersonals – Neuerungen durch das NotSanG   34
     a. Arztvorbehalt und eingeschränkte Heilkundebefugnis von Notfallsanitätern   34

Inhaltsverzeichnis

      b. Kompetenzen der Notfallsanitäter   36
         aa. Bisherige Rechtslage nach § 4 NotSanG   36
            (1) § 4 Abs. 2 Nr. 1 NotSanG – Aufgaben in eigenverantwortlicher Ausführung   36
            (2) § 4 Abs. 2 Nr. 2 NotSanG – Aufgaben im Rahmen der Mitwirkung   39
         bb. Neuregelung des § 2a NotSanG   40
  5. Delegation ärztlicher Leistungen durch den Telenotarzt   45
  6. Aufklärung und Einwilligung beim Einsatz des Telenotarzt-Systems   50
      a. Grundlagen der ärztlichen Aufklärungspflicht   50
      b. Aufklärung über den Einsatz eines Telenotarztes   52
      c. Aufklärungszuständigkeit   55

Teil 3. Haftungsrechtliche Fragestellungen   58

  I. Haftungsrechtliche Grundsatzfragen   58
  II. Amtshaftung bei Tätigkeit der (Tele)Notärzte in NRW   61
    1. Rechtliche Grundlagen   61
    2. Tatbestandsvoraussetzungen   61
        a. Ausübung eines öffentlichen Amtes durch die (Tele)Notärzte   61
        b. Verletzung einer drittbezogenen Amtspflicht   63
        c. Innenregress und Eigenhaftung bei notärztlicher Tätigkeit   63
    3. Rechtliche Stellung des Telenotarztes   64
        a. Rechtliche Stellung im Verhältnis zum Patienten   64
        b. Rechtliche Stellung im Verhältnis zum Notarzt vor Ort   65
        c. Rechtliche Stellung im Verhältnis zum Notfallsanitäter   67
    4. Besonderheiten der Zusammenarbeit zwischen Notarzt und Telenotarzt   68
  III. Haftung des Notfallsanitäters   70
    1. Einschlägiges Haftungsregime für den Notfallsanitäter   70
    2. Rückgriffsmöglichkeiten   72
  IV. Haftung für Organisations- und Kommunikationsfehler   73

Teil 4. Medizinproduktrechtliche Beurteilung des Telenotarzt-
Systems   76

    I. Ziel des Medizinprodukterechts   77
    II. Einordnung als Medizinprodukt   78
    III. Anforderungen der Medizinproduktebetreiberverordnung   80
    IV. Produkthaftung   83

Teil 5. Datenschutzrechtliche Aspekte des Einsatzes des Telenotarzt-
Systems   87

    I. Einleitung   87
    II. Anwendbares Datenschutzrecht im Notarzt- und
        Rettungsdienst NRW   89
    III. Maßgebliche datenschutzrechtliche Anforderungen für das
         Telenotarzt-System   91
        1. Personenbezogene Daten / Gesundheitsdaten   92
        2. Verarbeitung personenbezogener Daten einschl.
           Gesundheitsdaten   93
        3. Rechtmäßigkeit der Datenverarbeitung / Erlaubnis-
           tatbestände, Art. 6 DS-GVO   96
           a. Allgemeines zu den Rechtmäßigkeitsvoraussetzungen   96
           b. Einzelne Rechtmäßigkeitsvoraussetzungen   98
              aa. Rechtfertigung durch Einwilligung   98
              bb. Schutz lebenswichtiger Interessen bei
                  Einwilligungsunfähigkeit   100
              cc. Versorgung im Gesundheitsbereich   101
        4. Grundsatz der Datenminimierung, Art. 5 Abs. 1 lit. c)
           DS-GVO   104
        5. Datensicherheit, Art. 32 DS-GVO   106
    IV. Datenschutz und Schweigepflicht beim Einsatz des
         Telenotarzt-Systems   108

Teil 6. Zusammenfassung der wesentlichen Ergebnisse   111

    I. Medizinrechtliche Fragestellungen   111
    II. Haftungsrechtliche Fragestellungen   113
    III. Medizinprodukterecht   114
    IV. Datenschutzrechtliche Aspekte   116
    V. Ausblick   117

Literaturverzeichnis   119

Teil 1. Einführung

I. Einsatz der Telemedizin im Gesundheits- und Rettungswesen

Durch die allgegenwärtige Digitalisierung erfährt auch die Gesundheitsversorgung grundlegende Veränderungen.[1] Innovative Versorgungsstrukturen verheißen große Chancen für eine bessere Patientenversorgung.[2] Als technische Neuerung ist insbesondere die Telemedizin in den Blickpunkt der öffentlichen Diskussion gerückt. Vor dem Hintergrund der rasanten Innovationsgeschwindigkeit der Telekommunikations- und Informationstechnologie und insbesondere der Weiterentwicklung der Telematik-Infrastruktur[3] durch das E-Health-Gesetz[4], das Digitale-Versorgung-Gesetz[5] und das jüngst verabschiedete Patientendaten-Schutz-Gesetz[6] wird die Telemedizin auch in Deutschland ein gewichtiger Bestandteil der Patientenversorgung, um das Gesundheitssystem insgesamt auf die Herausforderungen der Zukunft auszurichten.[7] Die Digitalisierung verspricht eine Verbesserung der Patientenversorgung bei gleichzeitiger Schonung von Ressourcen.

---

1 Vgl. zur Digitalisierung des Gesundheitswesens und der schwierigen Aufgabe der rechtlichen Regulierung *Katzenmeier*, Rechtsfragen der Digitalisierung des Gesundheitswesens, 2019; *ders.*, MedR 2019, 259.
2 Bei allen personen- und berufsbezogenen Bezeichnungen gilt die gewählte Form gleichwertig für alle Geschlechter.
3 Hierzu *Michels*, in: Becker/Kingreen, SGB V, § 291a Rn. 17 ff.
4 Gesetz für sichere digitale Kommunikation und Anwendungen im Gesundheitswesen sowie zur Änderung weiterer Gesetze v. 21.12.2015, BGBl. I, S. 2408. Dadurch wurde die Telematik-Infrastruktur weiterentwickelt, hierzu *Bergmann*, MedR 2016, 497 ff.; *Buchner*, MedR 2016, 660 ff.
5 Gesetz für eine bessere Versorgung durch Digitalisierung und Innovation (Digitale-Versorgung-Gesetz – DVG) v. 9.12.2019, BGBl. I, S. 2562. Die Krankenbehandlung umfasst nunmehr auch die Versorgung mit digitalen Gesundheitsanwendungen, vgl. § 27 Abs. 1 S. 2 Nr. 3 Var. 5, § 33a Abs. 1 S. 1 SGB V. Diese leistungsrechtlichen Regelungen spiegeln sich im vertragsarztrechtlichen Versorgungsumfang, vgl. § 73 Abs. 2 S. 1 Nr. 7a SGB V.
6 Gesetz zum Schutz elektronischer Patientendaten in der Telematikinfrastruktur v. 14.10.2020, BGBl. I, S. 2115.
7 Vgl. BT-Drs. 19/18793 v. 27.4.2020, S. 1; zum Nutzungspotential der Telemedizin im Gesundheitswesen bereits früh *Pflüger*, VersR 1999, 1070, 1071.

Teil 1. Einführung

Diesem Spannungsfeld unterliegt auch die Notfallmedizin, die sich längst von der Ersten Hilfe in eine spezifische, präklinische Intensivtherapie gewandelt hat. Um die Effizienz der gesamten Prozesskette von Rettungseinsätzen zu optimieren, setzt die Notfallversorgung immer mehr Hoffnung in den Einsatz telemedizinischer Anwendungen.[8] Vor dem Hintergrund des zunehmenden Notarztmangels sowie der bevorstehenden Schließung von Notarztstandorten[9] zielt das neue Telenotarzt-System darauf ab, die Qualität der Notfallversorgung zu verbessern, sowie die Effizienz der gesamten Prozesskette der Rettungseinsätze bei gleichzeitiger Kostenreduktion zu steigern.[10]

Das maßgeblich von der RWTH Aachen mitentwickelte Telenotarzt-System wird im Rettungsdienst der Stadt Aachen bereits seit dem Jahr 2014 eingesetzt.[11] Am 11.2.2020 haben die Landesregierung NRW, die Vertreter der Krankenkassen, die kommunalen Spitzenverbände, die Ärztekammer Nordrhein und die Ärztekammer Westfalen-Lippe eine gemeinsame Absichtserklärung zum flächendeckenden Ausbau des Telenotarzt-Systems unterzeichnet.[12] Dieser weitergehende und integrierende Ansatz des Telenotarzt-Systems soll landesweit durch Einsatz modernster Informations- und Kommunikationstechnologien im Rettungsdienst erreicht werden.

II. Begriffsbestimmung

Die rechtliche Beurteilung des Telenotarzt-Systems erfordert zunächst eine Klärung der verwendeten Begriffe.

---

8 Dazu ausführlich *Katzenmeier/Schrag-Slavu*, Rechtsfragen des Einsatzes der Telemedizin im Rettungsdienst, 2010.
9 Vgl. dazu das Gutachten des Sachverständigenrates zur Begutachtung der Entwicklung im Gesundheitswesen „Bedarfsgerechte Steuerung der Gesundheitsversorgung" aus dem Jahr 2018 https://www.svr-gesundheit.de/fileadmin/user_uploa d/Gutachten/2018/SVR-Gutachten_2018_WEBSEITE.pdf, S. 561 ff.; zur früheren Entwicklung *Koch/Wendt/Lackner/Ahnefeld*, Notfall + Rettungsmedizin 2008, 1 ff.
10 Vgl. dazu die Referate zum 122. Deutsche Ärztetag 2019 in Münster. Zum Telenotarzt siehe insb. den Beschluss unter TOP Ib – 134, S. 76 des Protokolls, abrufbar unter https://www.bundesaerztekammer.de/fileadmin/user_upload/downloads/pdf-Ordner/122.DAET/122DAETBeschlussprotokoll.pdf; vgl. auch *Klauber/Geraedts/Friedrich/Wasem* (Hrsg.), Krankenhaus-Report 2019.
11 Informationen hierzu abrufbar unter www.telenotarzt.de.
12 Die Pressemitteilung der Landesregierung NRW vom 11.2.2020 ist abrufbar unter https://www.land.nrw/de/pressemitteilung/telenotarzt-system-wird-flaechendeckend-nordrhein-westfalen-etabliert#top.

II. Begriffsbestimmung

1. Gesundheitstelematik und Telemedizin

Der Begriff „Gesundheitstelematik" als Neologismus aus „Gesundheitswesen", „Telekommunikation" („tele" = griechisch für „fern") und „Informatik" beschreibt die integrierte Verwendung moderner Informations- und Kommunikationstechnologien im Gesundheitswesen.[13] Ziel der Gesundheitstelematik ist „die Gesundheitsförderung, die Kontrolle von Krankheiten und die Krankenversorgung, ebenso wie gesundheitsbezogene Ausbildung, Management und Forschung".[14] Der Einsatz von Telematik im Gesundheitswesen soll daher vorrangig zur Verbesserung der Patientenversorgung beitragen. Darüber hinaus wird erwartet, dass die Datentransparenz verbessert wird und dadurch tragfähige Grundlagen für Planungs-, Steuerungs- und Entscheidungsprozesse im Gesundheitswesen ermittelt werden. Die Effektivierung der Vorgänge und das daraus resultierende ökonomische Einsparpotenzial einerseits, sowie die Möglichkeit der Optimierung des Ressourceneinsatzes und die Vermeidung von Versorgungslücken andererseits, spielen ebenfalls eine zentrale Rolle beim Einsatz der Telemedizin.[15]

Nach einer Definition der Weltgesundheitsorganisation (WHO) ist die „Telemedizin" ein Teilgebiet der Gesundheitstelematik und bezeichnet die konkrete Erbringung oder Unterstützung von medizinischen Dienstleistungen, insbesondere die diagnostische oder therapeutische Begleitung der Patienten durch den (Tele)Arzt aus räumlicher Entfernung mit den Mitteln der Telematik.[16]

---

13 *Haas*, Gesundheitstelematik, S. 3 f.
14 World Health Organisation, A Health Telematics Policy in Support of WHO's Health-For-All-Strategy Health Development, Genf 1997, S. 10.
15 *Pfeiffer*, Die Bedeutung der Telematik für Qualität und Effizienz des Gesundheitswesens, in: Gesellschaft für Versicherungswissenschaft und -gestaltung (Hrsg.), Telematik im Gesundheitswesen, S. 23 ff.; *Dierks/Nitz/Grau*, Gesundheitstelematik und Recht, S. 16 ff.
16 Vgl. World Health Organisation, A Health Telematics Policy in Support of WHO's Health-For-All-Strategy Health Development, Genf 1997, S. 10; *Field*, Telemedicine, S. 1: „Telemedizin ist die Nutzung von Informations- und Telekommunikationstechnologien zur Erbringung und Unterstützung medizinischer Versorgung bei räumlicher Trennung der Beteiligten."; s. auch *Katzenmeier/Schrag-Slavu*, Rechtsfragen des Einsatzes der Telemedizin im Rettungsdienst, S. 4 m.w.N.

Teil 1. Einführung

2. Präklinische Notfallmedizin und Notfallversorgung

Die präklinische Notfallmedizin nimmt im Verbundsystem der medizinischen Gesamtversorgung eine Schlüsselstellung ein. Unter den Begriffen „präklinische Notfallmedizin" oder „Notfallrettung" wird das Fachgebiet der aus der Klinik ausgelagerten Notfallmedizin verstanden. In der Notfallmedizin fungiert vor allem der Notarzt als „vorverlagerter Arm der Klinik", die Rettungsmittel (Rettungswagen, Notarztwagen, Notarzteinsatzfahrzeug und Rettungshubschrauber) mit qualifizierter Besatzung werden als „mobile klinische Einrichtungen" angesehen.[17]

Aufgabe der Notfallrettung ist es, am Notfallort lebensrettende Maßnahmen bei Notfallpatienten[18] durchzuführen, Leben oder Gesundheit der Betroffenen zu erhalten, deren Transportfähigkeit herzustellen und sie unter fachgerechter Betreuung in eine für die weitere Versorgung geeignete Einrichtung zu befördern.[19] Die lückenlose Versorgung der Notfallpatienten erfordert dabei die Abstimmung und das Ineinandergreifen verschiedener Hilfeleistungen und unterschiedlicher Einrichtungen.

Die qualifizierte Notfallversorgung kennt zwei Arten der Versorgung: Die präklinische Notfallversorgung durch das Rettungsfachpersonal und die Versorgung durch den Notarzt. Auch wenn der Notarztdienst als notwendiger Bestandteil des Rettungsdienstes verstanden wird, da ein funktionierendes Rettungswesen ohne die Mitwirkung von Notärzten nicht denkbar ist, stellen Notarzt- und Rettungsdienst zwei unterschiedliche, voneinander getrennt organisierte Systeme dar.[20] Da die Organisationen, die den Transport der Notfallpatienten durchführen (Feuerwehr, Hilfsorganisationen, Rettungsdienstunternehmen) grundsätzlich nicht über eigene Ärzte verfügen, sehen die gesetzlichen Regelungen eine Kooperation von Rettungs- und Notarztdienst vor. Notarzt- und Rettungsdienst bilden eine

---

17 *Luxem/Runggaldier/Karutz/Flake*, Notfallsanitäter Heute, S. 1167 ff.; Stegers, ZMGR 2007, 65 ff.
18 Notfallpatienten sind Personen, die sich infolge Verletzung, Krankheit oder sonstiger Umstände entweder in Lebensgefahr befinden oder bei denen schwere gesundheitliche Schäden zu befürchten sind, wenn sie nicht unverzüglich medizinische Hilfe erhalten, vgl. etwa § 2 Abs. 2 S. 3 RettG NRW.
19 Für NRW vgl. insoweit § 2 Abs. 2 S. 1 RettG NRW.
20 Vgl. *D. Prütting*, RettG NRW, § 2 Rn. 1 ff.; s. auch BGHZ 120, 184, 191 f. = NJW 1993, 1526, 1527 f. = VersR 1993, 316, 318; BGHZ 160, 216, 223 f. = NJW 2005, 429, 431 = MedR 2005, 162, 165 f.; *Killinger*, Die Besonderheiten der Arzthaftung im medizinischen Notfall, S. 11 f.; *Lippert*, MedR 1983, 167, 168.

sachliche Funktionseinheit.[21] Um Koordinations- und Qualifikationsmängel zu vermeiden, müssen die jeweiligen Pflichten und Rechte der beteiligten Organisationen festgelegt und ihre Kompetenzen abgegrenzt werden. Denn nur wenn die erforderlichen rettungs- und notarztdienstlichen Maßnahmen aufeinander abgestimmt sind, ist der Rettungsdienst insgesamt funktionsfähig.[22]

Das in der Notfallrettung tätige ärztliche und nichtärztliche Personal trifft mit der Übernahme eines konkreten Einsatzauftrags eine Garantenstellung, die es verpflichtet, sämtliche erforderlichen, möglichen sowie zumutbaren Hilfeleistungen zugunsten der betroffenen Patienten durchzuführen.[23] Die Versorgung in Notfallsituationen[24] ist häufig gleichbedeutend mit einem Kampf gegen den Faktor Zeit. Die Effizienz des gesamten Systems der präklinischen Notfallversorgung hängt daher davon ab, dass jeder Bereich auf die Leistungsfähigkeit des nächsten Gliedes der sog. Rettungskette[25] abgestimmt ist und keine Versorgungslücke entsteht.[26] In der Notfallversorgung werden aus diesen Gründen große Hoffnungen in die Möglichkeiten der Gesundheitstelematik gesetzt, da gerade im Notfall die Qualität der Patientenversorgung entscheidend von der Kommunikation zwischen den Beteiligten (Rettungsdienst, Feuerwehr, Notarztdienst, Krankenhaus) und der Verfügbarkeit wichtiger Informationen abhängt. Anfang des Jahres 2020 legte das Bundesministerium für Gesundheit (BMG) den Referentenentwurf eines Gesetzes zur Reform der Notfallversorgung vor.[27] Ziel des Gesetzesentwurfs ist es, „die bisher weitgehend getrennt organisierten Versorgungsbereiche der ambulanten, stationären und rettungs-

---

21 BGHZ 160, 216, 223 = NJW 2005, 429, 431 = MedR 2005, 162, 165; BGHZ 153, 268, 275 = NJW 2003, 1184, 1186 = MedR 2003, 455, 457.
22 BGHZ 120, 184, 191 f. = NJW 1993, 1526, 1527 f. = VersR 1993, 316, 318; *Killinger*, Die Besonderheiten der Arzthaftung im medizinischen Notfall, S. 11 f.
23 *D. Prütting*, RettG NRW, § 4 Rn. 31; *Lissel*, Strafrechtliche Verantwortung in der präklinischen Notfallmedizin, S. 91 ff.
24 Streng betrachtet sind Notfallsituationen im Sinne der ersten Hilfe solche Situationen, in denen eine lebensbedrohliche Störung der Vitalparameter (Bewusstsein, Kreislauf und Atmung) oder der Funktionskreisläufe (z.B. Stoffwechsel, Körpertemperatur) vorliegt. Darüber hinaus gibt es psychische Notsituationen, z.B. bei akuten Selbsttötungsabsichten oder Psychosen.
25 *Katzenmeier/Schrag-Slavu*, Rechtsfragen des Einsatzes der Telemedizin im Rettungsdienst, S. 6 m.w.N.
26 *Luxem/Runggaldier/Karutz/Flake*, Notfallsanitäter Heute, S. 1183 ff.
27 Ref.-Entwurf v. 8.1.2020 abrufbar unter https://www.bundesgesundheitsministerium.de/fileadmin/Dateien/3_Downloads/Gesetze_und_Verordnungen/GuV/N/Referentenentwurf_zur_Reform_der_Notfallversorgung.pdf.

dienstlichen Notfallversorgung zu einem System der integrierten Notfallversorgung weiter zu entwickeln".[28]

III. Das Rettungswesen als Institution der präklinischen Notfallmedizin

1. Rechtliche Rahmenbedingungen und Organisation des Rettungsdienstes in Nordrhein-Westfalen

Sicherstellung, Organisation und Durchführung des Rettungsdienstes gehören als staatliche Aufgaben der Gefahrenabwehr und Gesundheitsversorgung zu den Angelegenheiten der Länder.[29] In den jeweiligen Rettungsdienstgesetzen der Länder übertragen diese die Aufgabe des Rettungsdienstes auf Gebietskörperschaften.[30]

In NRW ist das Rettungswesen im „Gesetz über den Rettungsdienst sowie die Notfallrettung und den Krankentransport durch Unternehmen" (RettG NRW) geregelt.[31] In § 6 Abs. 1 S. 2 RettG NRW werden die Aufgaben des Rettungsdienstes ohne die Bezeichnung „öffentlich" als Aufgaben der Gesundheitsvorsorge und Gefahrenabwehr definiert. Die Trägerschaft liegt in NRW bei den Kreisen und kreisfreien Städten, die gesetzlich verpflichtet sind, „die bedarfsgerechte und flächendeckende Versorgung der Bevölkerung mit Leistungen der Notfallrettung einschließlich der ärztlichen Versorgung im Rettungsdienst und des Krankentransports sicherzustellen".[32] Zur Durchführung können sich die Träger anerkannter Hilfsorganisationen und anderer Leistungserbringer bedienen, § 13 Abs. 1 RettG NRW. Der Rettungsdienst unterliegt in NRW der Verantwortung des Ministeriums für Arbeit, Gesundheit und Soziales.[33]

---

28 Ref.-Entwurf S. 2. Dazu *Andreas*, ArztR 2020, 117 ff.; zur Kritik der verschiedenen Verbände, insb. der Deutschen Krankenhausgesellschaft S. 121 f.
29 *Kingreen*, in Becker/Kingreen, SGB V § 133 Rn. 1; *Becker*, GewA 2017, 217; *Trenk-Hinterberger*, in: Spickhoff (Hrsg.), Medizinrecht, § 133 SGB V Rn. 5.
30 *Trenk-Hinterberger*, in: Spickhoff (Hrsg.), Medizinrecht, § 133 SGB V Rn. 5.
31 RettG NRW v. 24.11.1992, GV. NRW. 1992 S. 458.
32 Vgl. § 6 Abs. 1 S. 1 RettG NRW; dazu *D. Prütting*, RettG NRW, § 6 Rn. 17 ff.
33 Die rechtlichen Rahmenbedingungen und die Struktur und Organisation des Rettungsdienstes in Nordrhein-Westfalen haben sich seit der letzten Begutachtung im Jahr 2009 nicht grundlegend verändert. Vgl. dazu seinerzeit *Katzenmeier/Schrag-Slavu*, Rechtsfragen des Einsatzes der Telemedizin im Rettungsdienst, S. 7 ff.

III. Das Rettungswesen als Institution der präklinischen Notfallmedizin

Die Träger haben, überwiegend mit Beteiligung der Leistungserbringer und Kostenträger, zur Sicherstellung der Aufgabenerfüllung und unter Beachtung der Grundsätze der Sparsamkeit und Wirtschaftlichkeit Bedarfspläne zu erstellen und diese in regelmäßigen Abständen fortzuschreiben.[34]

2. Das Rettungsfachpersonal

Wie in allen Rettungsdienstgesetzen der Länder wird das nichtärztliche Rettungsdienstpersonal auch in NRW in Notfallsanitäter, Rettungsassistenten, Rettungssanitäter und Rettungshelfer unterteilt.
Am 1.1.2014 ist das neue Berufsbild des Notallsanitäters durch das Notfallsanitätergesetz[35] (NotSanG) eingeführt worden. Es bezeichnet die höchste Ausbildungsstufe im Bereich des nichtärztlichen Rettungsdienstpersonals. Mit dem NotSanG sowie der entsprechenden Ausbildungs- und Prüfungsverordnung[36] (NotSanAPrV) versucht der Bundesgesetzgeber den Anforderungen an ein zukunftsorientiertes, leistungsstarkes Rettungswesen, das an den Bedürfnissen der Hilfeersuchenden ausgerichtet ist, gerecht zu werden.[37] Die Berufsbezeichnung steht gem. § 1 NotSanG unter Erlaubnisvorbehalt. Die bundeseinheitliche Regelung für den Zugang zum Beruf des Notfallsanitäters soll ein regionales Leistungsgefälle vermeiden und personelle Mängel des Rettungsdienstes mildern. Notfallsanitäter verfügen über eine dreijährige Ausbildung und treten mit höherer Kompetenz und weitergehenden Eingriffsbefugnissen die Nachfolge der bisherigen Rettungsassistenten (zweijährige Ausbildung) an.[38] Die Einbindung und Zusammenführung von neuen Notfallsanitätern und bisherigen Rettungsassistenten wird in den Rettungsdienstgesetzen der Bundesländer geregelt. In NRW wird mit Ablauf des 31.12.2026 die Funktion des Rettungsassistenten durch den Notfallsanitäter ersetzt, vgl. § 4 Abs. 7 RettG NRW. Ab 1.1.2027 müssen alle Funktionen der Rettungsassistenz von Notfallsanitä-

---

34 Vgl. § 12 RettG NRW.
35 Gesetz über den Beruf der Notfallsanitäterin und des Notfallsanitäters (NotSanG) v. 22.5.2013, BGBl. I, S. 1348, zuletzt geändert durch Art. 12 des Gesetzes vom 24.2.2021, BGBl. I, S. 274.
36 Ausbildungs- und Prüfungsverordnung für Notfallsanitäterinnen und Notfallsanitäter v. 16.12.2013, BGBl. I, S. 4280.
37 Vgl. BT-Drs. 17/11689 v. 28.11.2012, S. 1.
38 Vgl. *Lippert/Lissel*, in: Rieger/Dahm/Katzenmeier/Stellpflug/Ziegler (Hrsg.), HK-AKM, Notfallsanitäter, Nr. 3860 Rn. 2 ff.; *Lubrich*, MedR 2013, 221, 222 ff.

tern übernommen werden. Während der Übergangszeit dürfen Notfallsanitäter, soweit sie bereits ausgebildet worden sind, eingesetzt werden.[39]

Vor der Einführung des Berufs des Notfallsanitäters arbeitete der Notarzt vorwiegend mit Rettungsassistenten zusammen. Dieser Begriff wurde durch das Rettungsassistentengesetz[40] (RettAssG) geprägt. Der Aufgabenbereich des Rettungsassistenten ist mit dem des Notfallsanitäters in weiten Teilen vergleichbar (vgl. § 3 RettAssG: Ausbildungsziel). Nach einjähriger Übergangsphase nach Inkrafttreten des NotSanG ist das RettAssG mit Ablauf des 31.12.2014 außer Kraft getreten, wobei die Rettungsassistenten, die eine Erlaubnis nach dem RettAssG besitzen, ihre Berufsbezeichnung weiter führen dürfen, vgl. § 30 NotSanG. Nach dem Willen des Gesetzgebers wurde im Rahmen der Übergangsregelungen gem. § 32 Abs. 2 NotSanG Rettungsassistenten die Möglichkeit eröffnet, bis zum 31.12.2023 durch Teilnahme an einer Ergänzungsprüfung oder der staatlichen Prüfung die Erlaubnis zur Führung der Berufsbezeichnung Notfallsanitäter zu erlangen.[41]

Aufgrund der ausdrücklichen Bestimmungen des RettG NRW ist davon auszugehen, dass die Qualifikation zum Notfallsanitäter nach der Intention des Gesetzgebers die Standardqualifikation für das im Rahmen von Notfalleinsätzen tätige Personal darstellt. Da sich bis zum 31.12.2026 stets mindestens ein Notfallassistent oder ein Rettungsassistent am Notfallort befinden muss,[42] wird der Untersuchung grundsätzlich diese Situation zugrunde gelegt, sofern nicht besondere Umstände eine Analyse der anderen Qualifikationsstufen angezeigt erscheinen lassen.

3. Kompetenzverteilung im Rettungswesen

Die moderne Medizin ist dadurch gekennzeichnet, dass eine Behandlung des Patienten ohne arbeitsteilige Zusammenarbeit mehrerer Personen oftmals nicht mehr denkbar ist. Aus der Arbeitsteilung können aber Gefah-

---

39 Vgl. *D. Prütting*, RettG NRW, § 6 Rn. 11.
40 Gesetz über den Beruf der Rettungsassistentin und des Rettungsassistenten v. 10.7.1989, BGBl. I, S. 1384, zuletzt geändert durch Art. 19 des Gesetzes v. 2.12.2007, BGBl. I, S. 2686. Eingehend zu den vorherigen Bemühungen zur Novellierung des RettAssG *Katzenmeier/Schrag-Slavu*, Rechtsfragen des Einsatzes der Telemedizin im Rettungsdienst, S. 55 ff. m.w.N.
41 Vgl. *Lippert/Lissel*, in: Rieger/Dahm/Katzenmeier/Stellpflug/Ziegler (Hrsg.), HK-AKM, Notfallsanitäter, Nr. 3860 Rn. 5.
42 Vgl. § 4 Abs. 3 S. 1 RettG NRW; hierzu *D. Prütting*, RettG NRW, § 4 Rn. 11 ff.

ren gerade auch für den Notfallpatienten, insbesondere aufgrund fehlerhafter oder fehlender Kommunikation, Koordination oder Kompetenzverteilung zwischen den am Rettungsdienst Beteiligten resultieren, denen durch besondere Maßnahmen begegnet werden muss. Ferner können sich erhöhte Gefahren aus der Delegation ärztlicher Aufgaben auf das nichtärztliche Personal oder bei ärztlichen Weisungen ergeben.[43]

a. Horizontale und vertikale Arbeitsteilung

Im Rahmen einer arbeitsteiligen Zusammenarbeit wird zwischen der horizontalen und der vertikalen Arbeitsteilung unterschieden. Die horizontale Arbeitsteilung bezeichnet das Zusammenwirken mehrerer Personen gleicher Qualifikationsstufe. Im Rettungswesen betrifft dies das Verhältnis mehrerer Ärzte untereinander sowie auch das Verhältnis nichtärztlichen Personals gleicher Qualifikation. Diese Mitarbeiter werden untereinander als gleichberechtigt und eigenverantwortlich angesehen. Hieraus folgt auch, dass kein Weisungsrecht innerhalb einer Berufsgruppe besteht.[44] Insofern wird die horizontale Arbeitsteilung auch als „kollegiales Prinzip der funktionsbedingten Gleichordnung"[45] bezeichnet.

Unter der vertikalen Arbeitsteilung wird hingegen das Verhältnis zwischen Mitarbeitern unterschiedlicher Qualifikationsstufen verstanden. Im Rettungswesen betrifft die vertikale Arbeitsteilung das Verhältnis zwischen ärztlichem und nichtärztlichem Personal sowie zwischen Notfallsanitätern, Rettungsassistenten und -sanitätern. Hier wird über „ein hierarchisches Prinzip der fachlichen Über- und Unterordnung" gesprochen, in welchem der höherrangige Mitarbeiter die Gesamtverantwortung für die notfallmedizinische Versorgung des Patienten trägt. Wenn ärztliches und nichtärztliches Personal an der Notfallstelle tätig wird, ist es Aufgabe des Notarztes, diejenigen ärztlichen Maßnahmen anzuordnen, einzuleiten und durchzuführen, die er zur Beseitigung der Lebensgefährdung der Notfallpatienten für geeignet und ausreichend erachtet.[46]

---

43 *Achterfeld*, Aufgabenverteilung im Gesundheitswesen, S. 39 ff.; *Katzenmeier*, in: Laufs/Katzenmeier/Lipp, Arztrecht, Kap. X Rn. 47 m.w.N.
44 *Katzenmeier*, in: Laufs/Katzenmeier/Lipp, Arztrecht, Kap. X Rn. 48; *Katzenmeier*, MedR 2004, 34 ff. mit zahlreichen Nachweisen.
45 *Giesen*, Arzthaftungsrecht, Rn. 151 ff.
46 Vgl. § 4 Abs. 3 S. 3 RettG NRW: In der Notfallrettung eingesetzte Ärzte „können dem nichtärztlichen Personal in medizinischen Fragen Weisungen erteilen"; dazu *D. Prütting*, RettG NRW, § 4 Rn. 29 ff.

Teil 1. Einführung

b. Vertrauensgrundsatz

Der sog. Vertrauensgrundsatz, der seine Anerkennung und Ausprägung zunächst in der Rechtsprechung zum Straßenverkehrsrecht gefunden hat,[47] findet auch im Rahmen medizinischer Behandlungen Anwendung.[48] Inhalt des Vertrauensgrundsatzes ist es, die einzelnen Verantwortungsbereiche der Beteiligten abzugrenzen und zu beschränken.[49] Danach kann der Pflichtige grds. darauf vertrauen, dass sich andere im Rahmen ihrer Pflichtenkreise ordnungsgemäß verhalten, sofern keine greifbaren Zweifel daran bestehen.[50] Dies führt dazu, dass grundsätzlich keine Pflicht zur gegenseitigen Überwachung besteht, weil diese anderenfalls die Vorteile der Arbeitsteilung faktisch beseitigen würde.

Der Vertrauensgrundsatz findet ebenfalls im Rahmen des Rettungs- und Notarztdienstes Anwendung, auch wenn umfassende Informationen über die medizinischen Kenntnisse der eingesetzten Rettungsdienstmitarbeiter, über ihre individuelle Ausbildung, ihre berufsspezifischen Erfahrungen und ihre persönliche Verlässlichkeit häufig nicht allen Beteiligten bekannt sind.[51] Hier darf der Notarzt folglich grds. darauf vertrauen, dass der Rettungsdienst ordnungsgemäß organisiert ist und ihm hinreichend befähigtes Personal zur Verfügung steht. Gleiches gilt für das nichtärztliche Personal, das auf die Befähigung des Notarztes vertrauen darf.[52] Eine Überwachungspflicht würde hingegen den reibungslosen zeitlichen Ablauf hin-

---

47 BGHSt 4, 188 = NJW 1953, 1153; 7, 118 = NJW 1954, 1493; 9, 92 = NJW 1956, 800; 14, 97 = NJW 1960, 831; *Sternberg-Lieben/Schuster*, in: Schönke/Schröder, StGB, § 15 Rn. 148 ff. m.w.N.; *Krümpelmann*, in: FS für Bockelmann, S. 453 ff.; *Wasserburg*, NStZ 2003, 353 ff.
48 Vgl. etwa BGHSt 43, 306 = NJW 1998, 1802 = MedR 1998, 218; BGH MedR 1989, 88 ff.; NJW 1989, 1536, 1538; NJW 1980, 649, 650; *Katzenmeier*, MedR 2004, 34, 35; *Katzenmeier*, in: Laufs/Katzenmeier/Lipp, Arztrecht, Kap. X Rn. 49 m.w.N.
49 Der BGH hat den Vertrauensgrundsatz für die Beurteilung der zivilrechtlichen Haftung mit einer gewissen Zurückhaltung anerkannt und mehr auf eine „Abgrenzung der Verantwortungsbereiche" abgestellt, vgl. BGH NJW 1980, 649 f.; BGHZ 140, 309, 312 ff. = NJW 1999, 1779, 1780 = MedR 1999, 321, 322 = VersR 1999, 579, 580.
50 BGH NJW 1980, 649 f.; VersR 1991, 694; VersR 1994, 102; *Scholz*, JR 1997, 1 ff.
51 Vgl. *Katzenmeier/Schrag-Slavu*, Rechtsfragen des Einsatzes der Telemedizin im Rettungsdienst, S. 21 f. m.w.N.
52 *Kern/Rehborn*, in: Laufs/Kern/Rehborn, Handbuch des Arztrechts, § 20 Rn. 41.

dern und dadurch ein zusätzliches Risiko für die Notfallpatienten schaffen.[53]

---

53 Vgl. auch BGHZ 140, 309, 312 ff. = NJW 1999, 1779, 1780 = MedR 1999, 321, 322.

Teil 2. Medizinrechtliche Fragestellungen des Telenotarzt-Systems NRW

I. Zielsetzung und Einsatzmöglichkeiten des Telenotarzt-Systems

In der präklinischen Notfallmedizin befinden sich die – unter Umständen auch wenig erfahrenen – Notärzte und Rettungsfachkräfte häufig in einer zeitlichen Drucksituation, in der rasche Entscheidungen getroffen werden müssen, um der Gefahr schwerwiegender Folgen beim betroffenen Patienten entgegenzuwirken. Für solche Situationen sieht das Telenotarzt-System den Aufbau einer Telenotarzt-Zentrale (TNA-Zentrale) mit hochqualifizierten und erfahrenen Notfallmedizinern vor. Den Notärzten vor Ort wird so eine additive Beratung durch die Telenotärzte zur Seite gestellt (sog. second opinion).[54] Mit Hilfe mobiler Datenübertragung werden einsatz- und patientenbezogene Daten wie z.B. EKG, Vitalparameter oder Videosequenzen und Bildmaterial sowie Auskultationsbefunde von der Einsatzstelle in Echtzeit zwischen dem vor Ort tätigen ärztlichen sowie nichtärztlichen Rettungsdienstpersonal und den Telenotärzten in der TNA-Zentrale übermittelt. Dort verfügen die Telenotärzte über die Möglichkeit des Zugriffs auf spezielle Behandlungs-, Vergiftungs-, Medikamenten- und andere Datenbanken, die aktuelle Behandlungsleitlinien abbilden. Aufgrund der ihnen vorliegenden Informationen können sie algorithmenbasiert die weitere Therapie sowohl am Einsatzort als auch während des Transports empfehlen, sodass der medizinische Ablauf des Rettungsdiensteinsatzes leitliniengerecht durchgeführt werden kann. Über den fachkundigen Rat aus der TNA-Zentrale hinaus gewinnt diese Einsatzmöglichkeit des Telenotarzt-Systems insbesondere auch bei seltenen Krankheitsbildern an Bedeutung.[55]

Das deutsche Rettungssystem bietet grds. eine Notfallversorgung auf hohem Niveau und nimmt im internationalen Vergleich eine Spitzenstellung

---

54 Informationen hierzu unter www.telenotarzt.de.
55 Vgl. Beschluss des Engeren Präsidiums der Deutschen Gesellschaft für Anästhesiologie und Intensivmedizin (DGAI) v. 9.11.2015, Anästhesiologie & Intensivmedizin 2016, S. 160 ff.; *Ulsperger*, in: Wenzel (Hrsg.), Handbuch des Fachanwalts Medizinrecht, Kap. 19 Rn. 18.

ein.⁵⁶ Dennoch lassen sich auch hier Schwachstellen identifizieren, die insbesondere auf den zunehmenden Notarztmangel und die dadurch verursachte Schließung von Notarztstandorten zurückzuführen sind. Der erhöhte Anteil älterer Patienten und die Arbeitsverdichtung durch steigende Einsatzzahlen⁵⁷ im Rettungsdienst gehen darüber hinaus mit einer Zunahme der durchschnittlichen Fallschwere infolge Multimorbidität und der Zunahme chronischer Krankheiten einher. Es besteht die Gefahr, dass der steigende Bedarf an Notärzten in absehbarer Zeit nicht mehr gedeckt werden kann. Vor dem Hintergrund, dass lediglich in ca. 21,7% der etwa 7,3 Millionen jährlichen Notfalleinsätze die physische Anwesenheit eines Notarztes direkt an der Einsatzstelle erforderlich ist,⁵⁸ sowie aus sachlichen wie auch aus wirtschaftlichen Erwägungen scheint es dringend geboten, dass der Einsatz der wertvollen Ressource Notarzt auf diejenigen Notfälle beschränkt wird, die dessen physische Anwesenheit unbedingt erfordern. Der Einsatz des Telenotarzt-Systems könnte damit nicht nur die Qualität der Notfallversorgung steigern,⁵⁹ sondern auch die betriebs- und volkswirtschaftlichen Kosten des Rettungsdienstsystems beträchtlich senken.

Bei dem Telenotarzt-System handelt es sich um das führende Projekt in der Digitalisierungsstrategie im Gesundheitswesen des Landes NRW.⁶⁰ Das Telenotarzt-System soll landesweit durch Einsatz modernster Informations- und Kommunikationstechnologien im Rettungsdienst implementiert werden. Es ist beabsichtigt, dass bis spätestens Ende des Jahres 2022 in

---

56 *Luxem/Runggaldier/Karutz/Flake*, Notfallsanitäter Heute, S. 1167 ff.
57 Laut der Gesundheitsberichterstattung des Bundes hat sich das Einsatzaufkommen von knapp 9,5 Millionen Fahrten im Jahr 1994/1995 auf etwa 16,4 Millionen im Jahr 2016/2017 erhöht, vgl. gbe-bund.de – Einsatzaufkommen im öffentlichen Rettungsdienst. Eine ausführliche Leistungsanalyse findet sich bei *Behrendt/Schmiedel/Auerbach*, in: Lüttgen, Handbuch des Rettungswesens, Stand 02/2020, A 5.2 [10] S. 1-14.
58 Vgl. Unfallverhütungsbericht Straßenverkehr 2016/2017 des Bundesministeriums für Verkehr und digitale Infrastruktur, BT-Drs. 19/5000 v. 18.10.2018, S. 102 ff.
59 Weitere Informationen unter: https://www.rettungsdienst.de/news/telenotarzt-live-uebertragung-steigert-versorgungsqualitaet-41743.
60 Der Ursprung des Telenotarzt-Systems reicht zurück zu dem Forschungsprojekt „Med-on-@ix" (gefördert durch das BMWi in den Jahren 2007-2010). Die Basis des Projekts bestand in der Entwicklung eines technischen und organisatorischen Rettungsassistenzsystems zur telemetrischen Datenübertragung vom und zum Einsatzort. Vgl. hierzu *Skorning/Bergrath et al.*, Der Anästhesist 2009, 285 ff. Im Rahmen des Folgeprojekts „TemRas – Telemedizinisches Rettungsassistenzsystem" (gefördert durch das Innovationsministerium NRW in den Jahren 2010-2013) wurde der Grundstein für das heute erfolgreich eingesetzte Telenotarzt-System gelegt. Weitere Informationen unter: www.telenotarzt.de.

jedem Regierungsbezirk mindestens ein Telenotarzt-Standort den Regelbetrieb aufnimmt. Die Beteiligten sind sich darin einig, dass nicht jeder Träger des Rettungsdienstes eine eigene Telenotarzt-Zentrale benötigt.[61] Weitere Standorte sollen anhand gemeinsamer fachlicher Kriterien festgelegt werden. Auf Grundlage einer Bedarfserhebung und Potentialanalyse der Universität Maastricht und den Vorerfahrungen aus Aachen sollen Kommunen Trägergemeinschaften bilden. Die Kosten sind über die Gebührensatzungen der Träger der Rettungsdienste refinanzierbar.

Alle teilnehmenden Partner (Rettungsleitstelle, Rettungsdienstpersonal, Notarzt und Krankenhaus) sollen in das Telenotarzt-System integriert werden. Rettungsleitstelle und TNA-Zentrale sollen weiterhin als jeweils eigenständige Einrichtungen auftreten und kooperieren. Notrufannahme und Disposition der Rettungsmittel bleiben nach wie vor grundsätzlich Aufgabe der Leitstelle. Kontaktaufnahme und Datenübertragung zur aufnehmenden Klinik sowie die Rücksprache mit anderen Einrichtungen wie Hausarzt, Giftnotrufzentrale oder Kardiologie, sollen von der TNA-Zentrale aus erfolgen. Gleichzeitig kann die Vorlaufzeit im aufnehmenden Krankenhaus verlängert und dadurch eine bessere Vorbereitung auf die Ankunft der Patienten erreicht werden. Somit wird das Rettungsteam bei seiner hauptsächlichen Aufgabe, der Patientenversorgung, unterstützt und von organisatorischen Tätigkeiten entlastet. Dies hilft, den bislang linearen Rettungsablauf zu parallelisieren und zu beschleunigen.[62]

Ein vordringliches Ziel des Telenotarzt-Systems ist es, den Einsatz der Notärzte auf solche Notfälle zu beschränken, bei denen eine physische ärztliche Anwesenheit unerlässlich ist. Außerdem soll mit dem neuen Telenotarzt-System der Entwicklung zu immer längeren Eintreffzeiten des Notarztes entgegengewirkt werden.[63] Diese Ziele können über reduzierte Bindezeiten des Notarztes erreicht werden. Nach initialer Stabilisierung des Notfallpatienten kann der Transport im Rettungswagen unter Überwachung durch den Telenotarzt erfolgen. Somit steht der Notarzt vor Ort schneller dem nächsten vital bedrohten Patienten zur Verfügung. Das Telenotarzt-System soll insbesondere in Fällen zur Anwendung kommen, in

---

61 Der Aachener Telenotarzt beispielsweise betreut ca. 3.000 Fälle pro Jahr. Da die Kapazitäten dadurch noch nicht ausgeschöpft sind, betreut er auch Teile der Kreise Heinsberg und Euskirchen sowie einige Bezirke in Hessen, vgl. www.rp-online.de/nrw/staedte/duesseldorf v. 11.2.2020.
62 Informationen abrufbar unter: www.telenotarzt.de.
63 Vgl. dazu das Gutachten des Sachverständigenrates zur Begutachtung der Entwicklung im Gesundheitswesen „Bedarfsgerechte Steuerung der Gesundheitsversorgung" aus dem Jahr 2018, S. 563.

denen es aus logistischen Gründen nicht möglich ist, den Einsatz eines Notarztes vor Ort zu gewährleisten, oder in denen sich dessen Eintreffen am Notfallort verzögert. In solchen Situationen ermöglicht das System die Unterstützung des nichtärztlichen Personals vor Ort durch den Telenotarzt und eröffnet den Notfallpatienten eine wenigstens ärztlich assistierte Behandlungsmöglichkeit. Schließlich ist bei der Implementierung des Telenotarzt-Systems zu erwarten, dass durch die strukturierte Abfrage und Übermittlung der relevanten Informationen über den Patientenzustand die Informationsqualität im Rettungsdienst verbessert wird. Dadurch soll eine Qualitätsverbesserung der präklinischen medizinischen Versorgung bei gleichzeitiger Optimierung der Prozesse erreicht werden. Das Telenotarzt-System stellt damit die konsequente Ausweitung der Telematik im Gesundheitswesen auf den Bereich der präklinischen Notfallmedizin dar.

II. Rechtliche und technische Durchführbarkeit

Telemedizinische Anwendungen zeichnen sich durch das gezielte Zusammenwirken verschiedener Beteiligter aus, ohne dass diese gleichzeitig am selben Ort tätig werden müssen. Das kann dazu führen, dass sich mehrere Rechtskreise überschneiden, rechtliche Bestimmungen widerstreiten und unerwartete Rechtsfolgen offenbaren.[64] Beispiele sind die Haftung der Beteiligten, die Gewährleistung der Schweigepflicht, die Aufklärung und Einwilligung der Notfallpatienten oder der datenschutzrechtliche Bereich.

Das Telenotarzt-System muss geltendem Recht entsprechen. Gesundheit und körperliche Integrität des Patienten haben als hohe Individualrechtsgüter im Mittelpunkt aller telemedizinischen Überlegungen zu stehen.[65] Die technischen Anforderungen und die Erwartungen an die telemedizinischen Möglichkeiten sind je nach Fachgebiet und Fragestellung sehr unterschiedlich. In der präklinischen Notfallmedizin geht es dem Behandelnden vor Ort überwiegend darum, anhand von einigen wenigen charakteristischen Sequenzen (wie z.B. EKG-, Bilder- oder Videoübertragung) rasch mit den Fachärzten der TNA-Zentrale die nächsten Behandlungsschritte und insbesondere die Notwendigkeit einer Verlegung des Patienten in eine geeignete Klinik zu besprechen. Für die Qualität der Bildübertragung

---

[64] *Hanika*, in: Rieger/Dahm/Katzenmeier/Stellpflug/Ziegler (Hrsg.), HK-AKM, Telemedizin, Nr. 5070 Rn. 63.
[65] *Katzenmeier/Schrag-Slavu*, Rechtsfragen des Einsatzes der Telemedizin im Rettungsdienst, S. 55 ff. m.w.N.

wird hier daher lediglich ein „beurteilungsfähiger" Standard gefordert. Dafür muss die Übertragungszeit nur so kurz sein, dass die wesentlichen Behandlungsschritte im Rahmen einer Online-Telekonferenz zwischen dem Behandelnden vor Ort und dem Telenotarzt zu jedem beliebigen Zeitpunkt ohne Vorbereitungszeit besprochen werden können.[66]

Die zentrale Frage für die Implementierung des Telenotarzt-Systems lautet daher, ob sich vor dem Hintergrund der sich auch in NRW verschärfenden Problematik des Notarztmangels und zur Verbesserung der Notfallversorgung in strukturschwachen Regionen durch das System die Sicherung und Steigerung der Versorgungsqualität sowie der Effizienz im Rettungswesen erreichen lassen und ob dies mit den geltenden rechtlichen Bestimmungen vereinbar ist. Hinsichtlich der Umsetzung des Telenotarzt-Systems in NRW erfolgt eine rechtliche Beurteilung unter folgenden Aspekten:
- berufsrechtliche Aspekte, insb. Vereinbarkeit mit dem Grundsatz der persönlichen Leistungserbringungspflicht und mit den Maßgaben bezüglich der ärztlichen Fernbehandlung
- Neuerungen durch das NotSanG, insb. rechtliche Fragestellungen zur Delegation und eigenverantwortlichen Durchführung (auch möglicher invasiver) heilkundlicher Maßnahmen durch Notfallsanitäter
- haftungsrechtliche Aspekte
- medizinproduktrechtliche Bestimmungen
- datenschutzrechtliche Aspekte mit Blick auf die DS-GVO sowie flankierende bundes- und landesrechtliche Regelungen.

1. Das Telenotarzt-System und fachliche Standards

a. Der fachliche Standard in der Notfallmedizin

Das deutsche Gesundheitssystem gewährt allen Patienten das Recht auf gleichen Zugang zur Gesundheitsversorgung. Aus dem durch Art. 2 Abs. 2 S. 1 GG geschützten Recht auf Leben und körperliche Unversehrtheit ergibt sich die Pflicht zur Gewährleistung von Sicherheit und Qualität der medizinischen Behandlung und Versorgung. Die Vorschriften des SGB V fordern eine ärztliche Behandlung, die ausreichend, zweckmäßig und wirtschaftlich ist, das Maß des Notwendigen nicht übersteigt, in Qualität und Wirksamkeit dem allgemeinen Stand der medizinischen Erkenntnisse ent-

---

66 Näher dazu in Teil 5.

spricht, den medizinischen Fortschritt berücksichtigt und human ist.[67] Aus § 276 BGB folgt auch zivil- und damit haftungsrechtlich die Pflicht des Arztes, den Patienten nach den Regeln der Medizin – konkretisiert durch den fachlichen Standard – zu behandeln und zu versorgen.[68] Den Standard in der Medizin stellt dabei das jeweilige auf naturwissenschaftlichen Erkenntnissen und Erfahrungen basierende Regelverhalten dar, das sich in der praktischen Erprobung bewährt hat und zur Erreichung des Behandlungszieles erforderlich ist.[69] Die Standards bezeichnen daher lediglich die Entwicklung der medizinischen Wissenschaft zu einem bestimmten Zeitpunkt, hinter denen grundsätzlich[70] nicht zurückgeblieben,[71] über die aber durchaus hinausgegangen werden darf.[72]

Ziel des Einsatzes von Telemedizin in der Notfallmedizin ist eine Standardverbesserung. Die flächendeckende Implementierung des neuen Telenotarzt-Systems könnte den bestehenden Standard erheblich beeinflussen. Der Umstand allein, dass durch das neue System ein über dem Standard liegendes Expertenwissen einfließen kann, führt jedoch noch nicht zu einer Veränderung des Standards. Wie bei jedem Verfahren im Versuchsstadium müssen sich zunächst die medizinischen und wissenschaftlichen Erkenntnisse des neuen Systems bewähren, um dann „Standard" werden zu können.

b. Der Facharztstandard in der Notfallmedizin

Die Rechtsprechung erkennt in allen Bereichen der ärztlichen Versorgung einen Anspruch auf den Standard eines erfahrenen Facharztes an,[73] d.h. auf eine lückenlose fachkompetente Behandlung. Der Arzt hat die Behand-

---

67 Siehe etwa §§ 2 Abs. 1 S. 3, 12 Abs. 1 und 70 SGB V.
68 *Jansen*, Der Medizinische Standard, 2019; *Katzenmeier*, in: Laufs/Katzenmeier/Lipp, Arztrecht, Kap. X Rn. 5 ff.; zur Standardbildung in der modernen Medizin *Hart*, MedR 2016, 669, 671 ff.
69 *Katzenmeier*, Arzthaftung, S. 277 ff.; *Hart*, MedR 1998, 8 ff.; *Steffen*, MedR 1995, 190 ff.; *Taupitz*, NJW 1986, 2851 ff.
70 Die Parteien können in engen Grenzen nach § 630a Abs. 2 a.E. BGB einen abweichenden Standard vereinbaren, *Stellpflug*, GesR 2019, 76, 79.
71 *Kullmann*, VersR 1997, 529, 531; *Bergmann*, VersR 1996, 810, 812.
72 Zur Gefahr einer Standardisierung in der Medizin *Katzenmeier*, Arzthaftung, S. 281 ff.; *Rehborn*, MDR 2000, 1101, 1102; *Deutsch*, VersR 1998, 261, 262 f.; *Franzki*, MedR 1994, 171, 173.
73 Grundlegend BGHZ 88, 248 = NJW 1984, 655 = MedR 1984, 186; *Steffen*, MedR 1995, 360; zum Facharztwesen BVerfGE 33, 125 (Facharztbeschluss) = NJW 1972,

lung theoretisch wie praktisch so zu beherrschen, wie dies von einem Facharzt erwartet werden kann.[74]

Auch in der Notfallmedizin ist dieser Standard zu gewährleisten. Doch ist zu beachten, dass ein „Facharzt für Notfallmedizin" nach der Muster-Weiterbildungsordnung der Ärzte (MWBO-Ä) nicht existiert.[75] Auch wenn in Notfällen oftmals Abstriche von dem allgemein geforderten Facharztstandard akzeptiert werden müssen,[76] gewährleistet die für Notärzte verbindliche Zusatz-Weiterbildung „Notfallmedizin" jedenfalls einen vergleichbaren Qualitätsstandard.[77]

Bei der Implementierung des Telenotarzt-Systems in NRW stellt sich damit die Frage, ob der Facharztstandard in der Person des behandelnden Arztes vor Ort erbracht werden muss oder ob er als Summe mehrerer Teilbeiträge angesehen werden kann. Durch die Besetzung der TNA-Zentrale mit erfahrenen und hochkompetenten Ärzten würde die notfallmedizinische Versorgung von einem Team aus ärztlichem und nichtärztlichem Personal durchgeführt, das sowohl die medizinischen als auch die technischen Besonderheiten des Falls beherrscht.[78] Aus dem geforderten Facharztstandard allein kann nicht zwingend geschlossen werden, dass der fachkundige Arzt sich unmittelbar beim Patienten befinden muss, wenn die notwendige Qualität der Behandlung auch ohne seine physische Anwesenheit vor Ort erbracht werden kann.[79] Für die Berücksichtigung der Fachkenntnisse des gesamten Teams spricht nicht zuletzt die Entwicklung der einschlägigen Rechtsprechung, die in einer ähnlichen Konstellation (Anfängeropera-

---

1504; vgl. auch *Jansen*, Der Medizinische Standard, S. 46 ff. m.w.N.; *Pauge/Offenloch*, Arzthaftungsrecht, Rn. 173.

74 Vgl. *Jansen*, Der Medizinische Standard, S. 46 ff. m.w.N. Zur ärztlichen Weiterbildungspflicht vgl. *Kern/Rehborn*, in: Laufs/Kern/Rehborn, Handbuch des Arztrechts, § 15 Rn. 22.

75 Ausführlich *Katzenmeier/Schrag-Slavu*, Rechtsfragen des Einsatzes der Telemedizin im Rettungsdienst, S. 13 ff.

76 *Greiner*, in: Spickhoff (Hrsg.), Medizinrecht, §§ 823-839 BGB Rn. 28 m.w.N.; *Killinger*, Die Besonderheiten der Arzthaftung im medizinischen Notfall, S. 57 ff.; *Siglmüller*, Rechtsfragen der Fernbehandlung, S. 168 f.

77 *Killinger*, Die Besonderheiten der Arzthaftung im medizinischen Notfall, S. 206 f.; *Ahnefeld/Altemeyer et al.*, Notfall + Rettungsmedizin 2003, 526; vgl. auch OLG Hamm VersR 2000, 1373, das unter Notfallmedizinern und Nicht-Notfallmedizinern differenziert.

78 Ähnlich für die Situation der Teleoperation *Kern*, in: Dierks/Feussner/Wienke (Hrsg.), Rechtsfragen der Telemedizin, S. 55, 57 f.

79 *Kern*, in: Dierks/Feussner/Wienke (Hrsg.), Rechtsfragen der Telemedizin, S. 55, 59 f.

tion) darauf erkennt, dass die Einhaltung der Standards anhand mehrerer Teilbeiträge zu bewerten ist.[80]

2. Das Telenotarzt-System und die ärztliche Therapiefreiheit

Grundsätzlich steht jedem Arzt die Freiheit zu, zwischen mehreren in Betracht kommenden Behandlungsmethoden nach Maßgabe seiner persönlichen Ausbildung, Erfahrung und Praxis zu wählen. Die Entscheidung des Arztes für eine spezifische Form der Diagnose und für ein bestimmtes therapeutisches Verfahren ist jeweils gekennzeichnet durch die Abwägung von Chancen und Risiken im Einzelfall unter Berücksichtigung vielfältiger physischer, psychischer und sozialer Aspekte.[81] Bei der Entscheidung über die jeweiligen Methoden hat der Arzt allerdings die Besonderheiten des Einzelfalls, die Sicherheit des Patienten sowie die konkrete Heilungsprognose zu berücksichtigen.[82] Das bedeutet indes nicht, dass keine neuen Methoden angewendet werden dürfen.[83]

In Bezug auf die Einführung telemedizinischer Anwendungen im Rettungsdienst lässt sich feststellen, dass die herkömmlichen Verfahren weiterhin angeboten und durchgeführt werden können, solange sich die telemedizinischen Methoden gegenüber den herkömmlichen Verfahren nicht in einem solchen Maße durchgesetzt und in der Qualität derartig überlegen gezeigt haben, dass die anderen Methoden verdrängt werden. Sind indessen Möglichkeiten telemedizinischer Behandlung vorhanden und im konkreten Fall als die überlegenen Methoden anzusehen, dann sind diese einzusetzen.[84] Dies bedeutet, dass der Arzt vor Ort zum Einsatz digitaler Techniken verpflichtet werden kann, soweit sie verfügbar sind und ihm notwendige Informationen vermitteln können, die er auf anderem Wege nicht erhalten kann. Vom Telenotarzt wird dabei stets die Prüfung verlangt, ob ihm über den Bildschirm alle Erkenntnisse, die für die Diagnosestellung und Durchführung der Behandlung notwendig sind, in der nötigen Qualität überhaupt übermittelt werden können. Sollte dem Telenotarzt die Übertragungsqualität für seine Beurteilung nicht ausreichend er-

---

80 *Kern/Rehborn*, in: Laufs/Kern/Rehborn, Handbuch des Arztrechts, § 99 Rn. 23 ff.
81 *Katzenmeier*, Arzthaftung, S. 304 ff. mit zahlreichen Nachweisen.
82 Vgl. *Kern/Rehborn*, in: Laufs/Kern/Rehborn, Handbuch des Arztrechts, § 54 Rn. 1 m.w.N.; *Katzenmeier*, in: Laufs/Katzenmeier/Lipp, Arztrecht, Kap. X Rn. 83 ff.
83 *Katzenmeier*, Arzthaftung, S. 307 ff.; *Schroeder-Printzen*, MedR 1996, 376, 379; *Schmid*, NJW 1986, 2339, 2341.
84 *Ulsenheimer/Heinemann*, MedR 1999, 197, 199.

scheinen, wird von ihm gefordert, eine entsprechende Stellungnahme zu verweigern.[85]

3. Vereinbarkeit des Telenotarzt-Systems mit den Bestimmungen des § 7 Abs. 4 MBO-Ä

Standesrechtlich ist bei der Implementierung des Telenotarzt-Systems insbesondere fraglich, ob dieses mit dem Grundsatz der persönlichen Leistungserbringungspflicht und den Bestimmungen des § 7 Abs. 4 MBO-Ä über die Fernbehandlung vereinbar ist.

Das Standesrecht der Ärzte regelt die Rechtsfragen, die sich aus dem Status des Arztes als Mitglied eines freien Berufs ergeben. Von maßgeblicher Bedeutung ist hierbei die vom Deutschen Ärztetag beschlossene Musterberufsordnung der Ärzte.[86] Maßgeblich für den einzelnen in NRW tätigen Arzt ist die jeweils gültige Fassung der Berufsordnung seines Kammerbezirks,[87] über deren Einhaltung die jeweiligen Heilberufsgerichte wachen.

Aus dem Grundsatz der persönlichen Leistungserbringung (§§ 630a Abs. 1, 630b BGB i.V.m. § 613 S. 1 BGB) ergeben sich keine Bedenken, da zwischen dem Notarzt und dem Notfallpatienten kein Vertrag zustande kommt[88] und der Notfallpatient sich den behandelnden oder beratenden Telenotarzt auch nicht wegen dessen fachlicher Kompetenz aussuchen kann.

Dagegen bedarf die Frage der Vereinbarkeit des Einsatzes des Telenotarzt-Systems mit den Regelungen des § 7 Abs. 4 MBO-Ä zur Fernbehandlung einer näheren Betrachtung. Eine Fernbehandlung liegt vor, wenn

---

85 *Katzenmeier/Schrag-Slavu*, Rechtsfragen des Einsatzes der Telemedizin im Rettungsdienst, S. 34.
86 Der 100. Deutsche Ärztetag 1997 in Eisenach verabschiedete eine „Muster-Berufsordnung für die deutschen Ärztinnen und Ärzte" (MBO-Ä 1997). Die letzten Änderungen der MBO-Ä 1997 wurden vom 121. Deutschen Ärztetag 2018 in Erfurt und durch den Beschluss des Vorstands der Bundesärztekammer in der Sitzung vom 14.12.2018 vorgenommen; zum Berufsrecht der Ärzte *Narr* (Begr.), Ärztliches Berufsrecht, 28. Akt. 2018; *Ratzel/Lippert/J. Prütting*, Kommentar zur MBO-Ä, 7. Aufl. 2018.
87 Vgl. MBO-ÄKNO v. 1.10.2005 in der Fassung v. 1.4.2017, abrufbar unter www.aekno.de/fileadmin/user_upload/aekno/downloads/wbo-nordrhein-2017.pdf sowie MBO-ÄKWL v. 9.4.2005 in der Fassung v. 30.6.2018, abrufbar unter https://www.aekwl.de/fileadmin/rechtsabteilung/doc/Berufsordnung.pdf.
88 Vgl. *Katzenmeier/Schrag-Slavu*, Rechtsfragen des Einsatzes der Telemedizin im Rettungsdienst, S. 14 ff. m.w.N.

dem Arzt von Seiten des Patienten oder eines Dritten Angaben über die Krankheit, Symptome oder Befunde über Kommunikationsmedien vermittelt werden, und dieser, ohne den Kranken gesehen und die Möglichkeit einer Untersuchung gehabt zu haben, eine Diagnose stellt und einen Behandlungsvorschlag unterbreitet.[89]

Auf dem 121. Deutschen Ärztetag im Mai 2018 in Erfurt wurde eine Neufassung des Fernbehandlungsrechts in § 7 Abs. 4 MBO-Ä beschlossen.[90] Mit der Novellierung reagierte die Ärzteschaft auf den durch die Digitalisierung bedingten Wandel der Gesundheitsversorgung, nicht zuletzt um den digitalen Fortschritt aktiv gestalten zu können.[91]

Die ärztliche Fernbehandlung war auch schon vor 2018 nicht generell verboten, sondern nach § 7 Abs. 3 MBO-Ä (Fassung 2006-2011) bzw. § 7 Abs. 4 S. 1 MBO-Ä (Fassung 2011-2018) dahingehend begrenzt, eine individuelle ärztliche Beratung oder Behandlung nicht „ausschließlich über Print- und Kommunikationsmedien" durchzuführen. Sinn der Normierung war die Sicherung einer fundierten Diagnostik und Behandlung des Patienten durch das Erfordernis eines (vorangegangenen) unmittelbaren Arzt-Patienten-Kontakts. Denn äußere Anzeichen und Verhaltensauffälligkeiten können auf bestimmte Krankheiten hindeuten.[92] Für den Einsatz der Telemedizin im Rettungsdienst wurde jedoch bereits unter Geltung des § 7 Abs. 3 MBO-Ä (Fassung 2006-2011) festgehalten, dass die Behandlung des Notfallpatienten durch das Rettungsfachpersonal vor Ort in Zusammenarbeit mit dem Telenotarzt eine qualitative Verbesserung der Notfallversorgung gegenüber einer ausschließlichen Versorgung durch das Rettungsfachpersonal darstellt, die eine teleologische Reduktion des Fernbehandlungsverbots für die Ausnahmesituation des medizinischen Notfalls zuließ.[93]

---

89 *Tillmanns*, in: Niederlag/Dierks/Rienhoff/Lemke (Hrsg.), Rechtliche Aspekte der Telemedizin, S. 81 m.w.N.
90 Konsentierter Vorschlag zur Änderung des § 7 Abs. 4 MBO-Ä, Begründungstext des Vorstands der BÄK in der Sitzung am 15./16.3.2018, abrufbar unter https://www.bundesaerztekammer.de/fileadmin/user_upload/downloads/pdf-Ordner/121.DAET/121_Beschlussprotokoll.pdf; zur Zulässigkeit der Fernbehandlung https://www.bundesaerztekammer.de/fileadmin/user_upload/downloads/pdf-Ordner/Recht/2015-12-11_Hinweise_und_Erlaeuterungen_zur_Fernbehandlung.pdf.
91 *Katzenmeier*, NJW 2019, 1769 m.w.N.
92 *Katzenmeier*, MedR 2019, 259, 266 m.w.N.
93 *Katzenmeier/Schrag-Slavu*, Rechtsfragen des Einsatzes der Telemedizin im Rettungsdienst, S. 43 f.

Nach der Reform des § 7 Abs. 4 MBO-Ä im Jahr 2018 ist eine ausschließliche Fernbehandlung nicht mehr per se unzulässig, aber an bestimmte Voraussetzungen geknüpft. Satz 3 bestimmt: „Eine ausschließliche Beratung oder Behandlung über Kommunikationsmedien ist im Einzelfall erlaubt, wenn dies ärztlich vertretbar ist und die erforderliche ärztliche Sorgfalt insbesondere durch die Art und Weise der Befunderhebung, Beratung, Behandlung sowie Dokumentation gewahrt wird und die Patientin oder der Patient auch über die Besonderheiten der ausschließlichen Beratung und Behandlung über Kommunikationsmedien aufgeklärt wird." Die Fernbehandlung muss wie jede andere Behandlung dem jeweiligen Stand von medizinischer Wissenschaft und Praxis an Kenntnissen, Wissen, Können und Aufmerksamkeit gerecht werden.[94] Darüber hinaus besteht aufgrund der Regelung in § 7 Abs. 4 S. 3 MBO-Ä (bzw. aufgrund der erfolgten Umsetzung in den LBO-Ä) eine (berufsrechtliche) Pflicht zur Aufklärung über die Besonderheiten der Fernbehandlung.[95] Für die Liberalisierung des berufsrechtlichen Verbots ausschließlicher Fernbehandlung wurden als Vorteile insbesondere die partielle Lösung des Ärztemangels im ländlichen Raum, die Chance früher Feststellung bestehenden Behandlungsbedarfs, die Überwindung etwaiger Offenbarungsvorbehalte der Patienten und die Vermeidung von Ansteckungsrisiken im Wartezimmer aufgeführt.[96]

In NRW haben die Landesärztekammern Nordrhein und Westfalen-Lippe die neue Fassung des § 7 Abs. 4 MBO-Ä in ihren Landesberufsordnungen wortwörtlich umgesetzt.[97] § 7 Abs. 4 S. 1 der jeweiligen LBO stellt klar, dass auch nach der Novellierung die ärztliche Beratung und Behandlung grundsätzlich „im persönlichen Kontakt" zwischen Arzt und Patient zu erfolgen hat. Nach dem Beschlussprotokoll des 121. DÄT soll die Beratung und Behandlung unter physischer Präsenz des Arztes weiterhin den „Goldstandard" ärztlichen Handelns in Beziehung zu den Patienten dar-

---

94 Betont in der Begründung zu § 7 Abs. 4 MBO-Ä, Konsentierter Vorschlag, Begründungstext des Vorstands der BÄK in der Sitzung am 15./16.3.2018; zu den haftungsrechtlichen Grenzen medizinischer Fernbehandlung *Katzenmeier*, NJW 2019, 1769 ff.; zu den Problemen der Standardbildung in der modernen Medizin *Hart*, MedR 2016, 669, 671 ff.
95 Siehe zur Erforderlichkeit der Aufklärung über den Einsatz des Telenotarzt-Systems auch Teil 2 II. 6.
96 Zur Erforderlichkeit einer Chancen-Risiken-Abwägung vgl. nur *Hahn*, MedR 2018, 384; *Dierks*, MedR 2016, 405, 407 f.
97 LBO-Ä Nordrhein i.d.F. v. 1.4.2017 und LBO-Ä Westfalen-Lippe i.d.F. v. 30.6.2018.

stellen.⁹⁸ Damit wird die Bedeutung des persönlichen Kontakts im Sinne einer guten Arzt-Patienten-Kommunikation auch im digitalen Zeitalter in den Vordergrund gestellt. Digitale Techniken können und sollen die ärztliche Tätigkeit unterstützen, sie dürfen aber die notwendige persönliche Zuwendung von Ärzten nicht ersetzen.⁹⁹

Des Weiteren stellt die Lockerung des Verbots ausschließlicher Fernbehandlung im ärztlichen Berufsrecht einen wichtigen und notwendigen Schritt dar, um telemedizinische Versorgungsmodelle im Zuge der Digitalisierung des Gesundheitswesens zu ermöglichen. Telemedizinische Anwendungen haben insbesondere im Rettungsdienst ein erhebliches Potential, wenn eine Telematik-Infrastruktur¹⁰⁰ errichtet wird, die Patientensicherheit und Datenschutz gewährleistet.¹⁰¹ Die Neuregelung des § 7 Abs. 4 MBO-Ä bedeutet für die Implementierung des Telenotarzt-Systems ein Zugewinn an Rechtssicherheit in dieser berufsrechtlichen Frage. Bereits unter Geltung der alten Normierung war eine telemedizinische Behandlung im Notfall möglich, wenn kein Notarzt verfügbar war. Die Zulässigkeit des Telenotarzt-Systems bedarf nach aktueller Rechtslage keiner teleologischen Reduktion des Fernbehandlungsverbotes mehr, sondern ergibt sich nun unmittelbar aus dem Wortlaut der Norm. Durch die Lockerung des Verbots ausschließlicher Fernbehandlung wird der Einsatzbereich des Telenotarzt-Systems sogar erweitert. Denn eine teleärztliche Behandlung im Rettungsdienst wird jetzt überall dort ermöglicht, wo dies im Einzelfall ärztlich vertretbar ist und die erforderliche Sorgfalt auch bei einer Behandlung aus der Ferne gewahrt werden kann. Eine Fernbehandlung ist somit dann möglich, wenn das nichtärztliche Rettungsfachpersonal mithilfe des Telenotarzt-Systems ärztlichen Sachverstand hinzuzieht. Denn die Behandlung durch das Rettungsfachpersonal unter Anleitung des Telenotarztes stellt in dieser Konstellation für den Notfallpatienten nicht eine Alternative zu

---

98 Vgl. 121. DÄT 2018, Beschlussprotokoll, TOP IV, Begründung der Änderung des § 7 Abs. 4 MBO-Ä, S. 288 ff.; vgl. auch *Katzenmeier*, NJW 2019, 1769.
99 Vgl. *Eberbach*, MedR 2019, 1, 4 f.; *Stellpflug*, GesR 2019, 76, 78; allg. zu insoweit drohenden Gefahren im Zuge der Digitalisierung *Katzenmeier*, MedR 2019, 259, 270 f.
100 Mit dem Patientendaten-Schutz-Gesetz werden die Regelungen zur Telematik-Infrastruktur und ihrer medizinischen Anwendungen umfassend neustrukturiert und weiterentwickelt, BT-Drs. 19/18793 v. 27.4.2020, S. 1 f.
101 Zur Besonderheit qualitätssteigernder Effekte der Telemedizin s. bereits *DGMR*, MedR 1999, 557 f.; *Pflüger*, VersR 1999, 1070, 1072; s. auch *Bergmann*, MedR 2016, 497, 499 ff. Zu technischen Schwierigkeiten bei der Etablierung von E-Health s. *Katzenmeier*, MedR 2019, 259, 263 ff.

einer Behandlung durch einen persönlich anwesenden Arzt dar, sondern eröffnet dem Notfallpatienten eine wenigstens ärztlich assistierte Behandlungsmöglichkeit.[102] Dies stellt eine qualitative Verbesserung der Notfallversorgung dar, sodass dadurch keine Abweichung vom „Goldstandard" der persönlichen Behandlung zu befürchten ist. Jedoch sollte der Einsatz der Telenotärzte nicht missbraucht werden, um dem Abbau weiterer Notarztstellen Vorschub zu leisten. Vor dem Hintergrund des bestehenden Ärztemangels muss Sinn und Zweck der Implementierung sein, Versorgungslücken zu schließen und die Verfügbarkeit der wertvollen Ressource Notarzt bei vital bedrohlichen Ereignissen zu sichern.

4. Einsatzrahmen des Rettungsfachpersonals – Neuerungen durch das NotSanG

Durch die Übernahme des jeweiligen Notfalls entsteht die rechtliche Verpflichtung des nichtärztlichen Rettungsfachpersonals ebenso wie des ärztlichen Personals,[103] im Rahmen seiner Tätigkeit vermeidbare Rechtsgutsbeeinträchtigungen des Notfallpatienten zu verhindern (Garantenstellung i.S.d. § 13 StGB).[104]

a. Arztvorbehalt und eingeschränkte Heilkundebefugnis von Notfallsanitätern

Nach geltender Rechtslage ist die Ausübung der Heilkunde im Grundsatz approbierten Ärzten vorbehalten (sog. ärztliches Behandlungsmonopol), § 1 Abs. 1 HPG, § 2 Abs. 1, Abs. 5 BÄO. Nach § 1 Abs. 2 HPG umfasst dies die Feststellung, Heilung oder Linderung von Krankheiten, Leiden oder Körperschäden. Daraus ergibt sich, dass das nichtärztliche Personal grundsätzlich nicht zur selbständigen Ausübung ärztlicher Tätigkeiten befugt ist. Hieran hatte sich durch das Inkrafttreten des NotSanG zum 1.1.2014 zunächst nichts geändert. Zwar wurde im Hinblick auf die Möglichkeit des

---

102 Siehe hierzu Teil 2 I.
103 Vgl. *Lipp*, in: Laufs/Katzenmeier/Lipp, Arztrecht, Kap. IV Rn. 11 ff.
104 Vgl. BGHSt 2, 296 = NJW 1952, 713; 21, 50 = NJW 1966, 1172; BGH MedR 1983, 137; *Heuchemer*, in: BeckOK-StGB, 49. Ed. 2021, § 13 Rn. 48.2 f.; *Ulsenheimer*, Arztstrafrecht in der Praxis, Rn. 138; *Lissel*, Strafrechtliche Verantwortung in der präklinischen Notfallmedizin, S. 98 ff.

Ergreifens medizinischer Maßnahmen durch die Notfallsanitäter im Laufe des Gesetzgebungsverfahrens die Einführung einer weiteren Bestimmung (§ 4a NotSanG) gefordert, in der die Befugnis zur Ausübung der Heilkunde enthalten sein sollte.[105] Diese Forderung fand im Gesetzgebungsverfahren zum NotSanG jedoch keine Zustimmung.[106]

Die Debatte um die Ausübung der Heilkunde durch Notfallsanitäter wurde durch das Inkrafttreten des NotSanG indes nicht beendet, sondern im Referentenentwurf des BMG zum Gesetz zur Reform der technischen Assistenzberufe in der Medizin und zur Änderung weiterer Gesetze (MTA-Reform-Gesetz) vom 31.7.2020 erneut aufgegriffen.[107] Nachdem im Zuge der Corona-Pandemie mit § 5a Infektionsschutzgesetz[108] für den Zeitraum einer „pandemischen Notlage von nationaler Tragweite" Notfallsanitätern die Ausübung heilkundlicher Tätigkeiten für einen befristeten Zeitraum gesetzlich erlaubt wurde,[109] brachte das BMG im Zuge des MTA-Reform-Gesetzes auch eine Änderung des NotSanG in das Gesetzgebungsverfahren ein, die die Erteilung einer partiellen Heilkundebefugnis für Notfallsanitäter vorsieht.[110] Der Bundestag hat am 28.1.2021 den Gesetzentwurf der Bundesregierung zum MTA-Reform-Gesetz[111] in der vom Gesundheitsausschuss geänderten Fassung[112] angenommen. Nachdem das Gesetz am 12.2.2021 ebenso vom Bundesrat beschlossen wurde, ist Art. 12 MTA-Re-

---

105 Vgl. Stellungnahme des Bundesrates v. 23.11.2012, BR-Drs. 608/12(B), S. 3 ff. Dieser stützte die Gesetzgebungskompetenz des Bundes auf Art. 74 Abs. 1 Nr. 19 GG, da es sich um eine Spezialregelung zu § 1 Abs. 1 HPG handele, BR-Drs. 608/12(B), S. 5. Vgl. auch Beschlussempfehlung und Bericht des Gesundheitsausschusses v. 27.2.2013, BT-Drs. 17/12524, S. 24.
106 Bedauernd insofern *Lubrich*, MedR 2013, 221, 226 f.; *Lippert/Lissel*, in: Rieger/Dahm/Katzenmeier/Stellpflug/Ziegler (Hrsg.), HK-AKM, Notfallsanitäter, Nr. 3860 Rn. 7.
107 Vgl. https://www.bundesgesundheitsministerium.de/fileadmin/Dateien/3_Downloads/Gesetze_und_ Verordnungen/GuV/M/MTA-Reform-Gesetz_RefE.pdf.
108 Gesetz zum Schutz der Bevölkerung bei einer epidemischen Lage von nationaler Tragweite v. 27.3.2020, BGBl. I 2020, S. 587.
109 Vgl. hierzu *Dittrich*, GuP 2020, 189.
110 Zur Substitution ärztlicher Leistungen im Rettungsdienst und Novellierung des RettAssG vgl. *Katzenmeier/Schrag-Slavu*, Rechtsfragen des Einsatzes der Telemedizin im Rettungsdienst, S. 55 ff. m.w.N.
111 BT-Drs. 19/24447 v. 18.11.2020.
112 BT-Drs. 19/26249 v. 27.1.2021.

form-Gesetz zur Änderung des NotSanG am 4.3.2021 (am Tag nach der Verkündung des Gesetzes) in Kraft getreten.[113]

b. Kompetenzen der Notfallsanitäter

aa. Bisherige Rechtslage nach § 4 NotSanG

Die Vorschrift des § 4 NotSanG beschreibt lediglich Ausbildungsziel und staatlichen Ausbildungsauftrag, gewährt damit jedoch Hinweise auf Berufsbild und Tätigkeitsfeld des Notfallsanitäters. Dabei differenziert die Norm zwischen Maßnahmen, die nach erfolgreichem Abschluss der Ausbildung eigenverantwortlich durch den Notfallsanitäter ausgeführt werden können (§ 4 Abs. 2 Nr. 1), und solchen Tätigkeiten, die im Rahmen der Mitwirkung ausgeübt werden sollen (§ 4 Abs. 2 Nr. 2), jeweils ergänzt um eine exemplarische Aufzählung charakteristischer Aufgaben sowie der im Rahmen der Ausbildung entsprechend zu erwerbenden Kompetenzen. Der dritte Teil der Norm bezieht sich auf die Qualifizierung zur Kooperation mit anderen Berufsgruppen und Menschen am Einsatzort (§ 4 Abs. 2 Nr. 3), die für die Umsetzung des Telenotarzt-Systems jedoch von sekundärer Bedeutung ist.

(1) § 4 Abs. 2 Nr. 1 NotSanG – Aufgaben in eigenverantwortlicher Ausführung

Die Bandbreite der vom Notfallsanitäter laut Ausbildungsziel eigenverantwortlich auszuführenden Aufgaben ist weitreichend. Wie der Gesetzgeber selbst feststellt, sind insofern die unter § 4 Abs. 2 Nr. 1 lit. b) und c) aufgelisteten Tätigkeiten von besonderer Bedeutung, die den Einsatz und die Versorgung des Patienten im Einsatz betreffen und damit „den Kernbereich der rettungsdienstlichen Aufgaben darstellen".[114] Dazu gehört gem. § 4 Abs. 2 Nr. 1 lit. b) u.a. das „Erkennen einer vitalen Bedrohung (…) sowie Umsetzen der erforderlichen Maßnahmen" und gem. § 4 Abs. 2 Nr. 1 lit. c) auch das „Durchführen medizinischer Maßnahmen der Erstversor-

---

113 MTA-Reform-Gesetz v. 24.2.2021, BGBl. I 2021, S. 274; zum Verlauf des Gesetzgebungsverfahrens vgl. www.bundestag.de/dokumente/textarchiv/2020/kw48-de-medizinische-assistenzberufe-807750.
114 Vgl. BT-Drs. 17/11689 v. 28.11.2012, S. 21.

II. Rechtliche und technische Durchführbarkeit

gung bei Patientinnen und Patienten im Notfalleinsatz und dabei Anwenden von in der Ausbildung erlernten und beherrschten, auch invasiven Maßnahmen, um einer Verschlechterung der Situation der Patientinnen und Patienten bis zum Eintreffen der Notärztin oder des Notarztes oder dem Beginn einer weiteren ärztlichen Versorgung vorzubeugen, wenn ein lebensgefährlicher Zustand vorliegt oder wesentliche Folgeschäden zu erwarten sind".

Für die Überbrückungszeit bis zum Eintreffen eines Notarztes[115] oder dem Beginn einer weiteren ärztlichen Versorgung obliegt dem Notfallsanitäter mitunter ein außerordentlich breiter Tätigkeitsbereich.[116] Der Notfallsanitäter geht oft mit der Ungewissheit in die Patientenversorgung, ob überhaupt ein Arzt, und wenn ja, welcher Arzt mit welchen Kenntnissen und Erfahrungen hinzukommt. Dabei sind durchaus Situationen denkbar, in denen der Notfallsanitäter in eigener Verantwortung überbrückende invasive Maßnahmen zur Lebenserhaltung und Abwendung schwerer gesundheitlicher Störungen durchführen muss, die ihrer Art nach ärztliche Maßnahmen darstellen.[117] Da es der Gesetzgeber im Gesetzgebungsverfahren zunächst abgelehnt hatte, den Notfallsanitätern auch nur eine eingeschränkte Erlaubnis zur Ausübung der Heilkunde zu gewähren, war auch der Berufsgruppe der Notfallsanitäter ein Handeln de facto nur im Rahmen der sog. „Notkompetenz"[118] möglich. Diese folgt aus der gesteigerten Pflicht zur Hilfeleistung, die sich aus der Garantenpflicht ergibt, die das

---

115 Trotz der Einrichtung von Notarztstandorten ist in der rettungsdienstlichen Praxis des Landes NRW zu beobachten, dass das Rettungsfachpersonal den Notfallpatienten in vielen Fällen vor dem Notarzt erreicht.
116 Vgl. kritische Stellungnahme des Bundesverbandes der ÄLRD e.V. zum Entwurf des BMG zum NotSanG v. 24.5.2012, abrufbar unter https://www.aelrd.de/index.php/positionspapiere/37-stellungnahme-zum-notfallsanitaeter-gesetz-entwurf; vgl. auch *Lubrich*, MedR 2013, 221, 226.
117 Hinsichtlich der Notkompetenzmaßnahmen der Notfallsanitäter gibt es (noch) keine einheitliche Handhabung, sondern erhebliche Unterschiede zwischen den einzelnen Bundesländern und Rettungsdienstbereichen. Ausführlich zur Notkompetenz der Rettungsassistenten *Katzenmeier/Schrag-Slavu*, Rechtsfragen des Einsatzes der Telemedizin im Rettungsdienst, S. 52 m.w.N.; vgl. auch *Lechleuthner/Funk*, Notkompetenzsystem, S. 98: „Aus der Not heraus, dass am Einsatzort kein Arzt zur Verfügung steht, folgt die Notkompetenz des nichtärztlichen Rettungsdienstpersonals.".
118 Zur Notkompetenz der Rettungsassistenten vgl. die „Stellungnahme der Bundesärztekammer zur Notkompetenz von Rettungsassistenten und zur Delegation ärztlicher Leistungen im Rettungsdienst" vom 16.10.1992 abgedruckt in MedR 1993, 42; *Katzenmeier/Schrag-Slavu*, Rechtsfragen des Einsatzes der Telemedizin im Rettungsdienst, S. 52 ff. m.w.N.

Rettungsfachpersonal durch seine Einbindung in den Rettungsdienst dem Notfallpatienten gegenüber innehat,[119] und wird aus § 34 StGB hergeleitet. Diese im Hinblick auf die Berufsausübung im Rettungsdienst bestehende Rechtsunsicherheit wurde durch das NotSanG jedenfalls insoweit behoben, als dort die qualifikatorischen Voraussetzungen zur begrenzten Ausübung heilkundlicher Tätigkeiten geschaffen wurden.[120] Ausdrücklich sind Notfallsanitäter im Rahmen ihrer Ausbildung zur eigenverantwortlichen Ausübung heilkundlicher Tätigkeiten zu qualifizieren. Die Ausbildungszielbeschreibung kann daher insofern als Auslegungshilfe herangezogen werden.[121] Mit Einführung des Berufsbildes des Notfallsanitäters wurde der Kompetenzrahmen sowohl im heilkundlich-fachlichen als auch im organisatorischen Bereich im Vergleich zu den Aufgaben der Rettungsassistenten deutlich erweitert, um den gestiegenen Anforderungen im Rettungsdienst gerecht werden zu können.[122] Das betrifft insbesondere auch den Umfang der Tätigkeiten, die der Notfallsanitäter „üblicherweise im Rahmen der Erstversorgung durchführt".[123] Dabei ist allerdings zu bedenken, dass „die eigenverantwortliche Ausübung von Heilkunde nicht originäre Aufgabe von Gesundheitsfachberufen ist; sie ist damit auch nicht originäres Ziel von Kompetenzvermittlungen in der Ausbildung. Hierfür ist vielmehr die ärztliche Qualifizierung vorgesehen".[124] Die im Einzelfall erforderliche Ausübung ärztlicher Tätigkeiten verblieb somit auch nach der Reform des Rettungswesens weiterhin in der „Grauzone" des sog. rechtfertigenden Notstandes.[125] Soweit die Notfallsanitäter im Rahmen der Notkompetenz ärztlichem Personal vorbehaltene Aufgaben eigenverantwort-

---

119 Vgl. die Ausführungen in Teil 1 II. 2.
120 *Dielmann/Malottke*, NotSanG, § 4 Rn. 13.
121 BT-Drs. 17/11689 v. 28.11.2012, S. 21; vgl. auch BT-Drs. 19/24447 v. 18.11.2020, S. 85.
122 *D. Prütting*, RettG NRW, § 4 Rn. 34a. Vgl. auch Anlage 1: Katalog „Invasive Maßnahmen durch Notfallsanitäterinnen und -sanitäter" und Anlage 2: Medikamentenkatalog „Invasive Maßnahmen durch Notfallsanitäterinnen und -sanitäter" zu den Ausführungsbestimmungen zur NotSan-Ausbildung in NRW, abrufbar unter www.mags.nrw. Vgl. auch *Flentje et al.*, Notfall & Rettungsmedizin 2020, 325 ff. mit zahlreichen Beispielen.
123 Vgl. BT-Drs. 17/11689 v. 28.11.2012, S. 21.
124 Vgl. kritische Stellungnahme des Bundesverbandes der ÄLRD e.V. bereits zum Entwurf des BMG zum NotSanG v. 24.5.2012, abrufbar unter https://www.aelrd.de/index.php/positionspapiere/37-stellungnahme-zum-notfallsanitaeter-gesetz-entwurf; vgl. dazu *Lubrich*, MedR 2013, 221, 226; vgl. auch BT-Drs. 19/24447 v. 18.11.2020, S. 84.
125 Vgl. *Dielmann/Malottke*, NotSanG, § 4 Rn. 13 m.w.N.; *Haage*, NotSanG, § 4 Rn. 5 ff.

lich durchführen, stellt dies zwar zunächst einen Verstoß gegen das ärztliche Behandlungsmonopol dar. Aufgrund des bestehenden rechtfertigenden Notstandes ist dieser Verstoß als solcher jedoch gem. § 34 StGB gerechtfertigt und somit weder strafbar noch haftungsbegründend.[126]

(2) § 4 Abs. 2 Nr. 2 NotSanG – Aufgaben im Rahmen der Mitwirkung

Nach § 4 Abs. 2 Nr. 2 lit. c) NotSanG soll die Ausbildung den Notfallsanitäter insbesondere auch dazu befähigen, bestimmte Aufgaben „im Rahmen der Mitwirkung auszuführen", wie z.B. eigenständiges Durchführen heilkundlicher Maßnahmen, die vom zuständigen „Ärztlichen Leiter Rettungsdienst" (ÄLRD)[127] oder entsprechend verantwortlichen Ärzten des jeweiligen Rettungsdienstträgers „bei bestimmten notfallmedizinischen Zustandsbildern und -situationen standardmäßig vorgegeben, überprüft und verantwortet werden".[128] Dies führt nicht zu einer Gleichstellung mit dem ärztlichen Aufgabenbereich. Vielmehr ist das eigenständige Durchführen dieser Maßnahmen ausdrücklich nicht eigenverantwortlich, sondern nur im Rahmen standardmäßig vorgegebener Behandlungsmuster möglich (sog. Vorab-Delegation), was in einem gewissen Widerspruch mit dem Begriff „eigenständig" in § 4 Abs. 2 Nr. 2 NotSanG steht.[129] In der rettungsdienstlichen Berufspraxis gelten aus diesen Gründen die ggf. sehr unterschiedlichen Vorgaben des jeweiligen ÄLRD. Sobald jedoch ein Arzt am

---

126 *Perron*, in: Schönke/Schröder, StGB, § 34 Rn. 8 ff. m.w.N.; *Roxin*, in: FS für Oehler, S. 183; *Boll*, MedR 2002, 232 ff.; *Kill et al.*, Notfall & Rettungsmedizin 2007, 266 ff.; *Dittrich*, GuP 2020, 189, 191.
127 Die Bundesärztekammer forderte in ihrer „Empfehlung zum Ärztlichen Leiter Rettungsdienst" vom 9.12.1994 die Institutionalisierung dieses Berufsbildes auf regionaler und überregionaler Ebene. Der Ärztliche Leiter Rettungsdienst nimmt die medizinische Kontrolle über den Rettungsdienst wahr und ist für die Effektivität und Effizienz der präklinischen notfallmedizinischen Patientenversorgung und -betreuung verantwortlich. Die Empfehlung ist abrufbar unter www.baek.de/downloads/Aerztlicher_ Leiter_Rettungsdienst_Empfehlung_BAeK_06_11_23_.pdf.
128 *Lubrich*, MedR 2013, 221, 226 spricht insofern von einer „gebundenen heilkundlichen Maßnahme", weil dem Notfallsanitäter durch die zuvor von ärztlicher Seite ausgearbeiteten Vorgaben eine stark konkretisierte Handlungslinie vorgegeben werde. Vgl. auch *Dittrich*, GuP 2020, 189, 191 f.
129 Vgl. *Lippert/Lissel*, in: Rieger/Dahm/Katzenmeier/Stellpflug/Ziegler (Hrsg.), HK-AKM, Notfallsanitäter, Nr. 3860 Rn. 8; *Lissel*, Rechtsfragen im Rettungswesen, Rn. 62. Zur Verabreichung von opioidhaltigen Arzneimitteln durch Notfallsanitäter vgl. *Fehn*, MedR 2017, 453 ff.

Einsatzort eingetroffen ist und die Behandlung des Patienten übernommen hat, wird der Notfallsanitäter im Rahmen des Kataloges aus § 4 Abs. 2 Nr. 2 NotSanG tätig und seine Funktion beschränkt sich auf die Assistenz des Arztes sowie die Durchführung ärztlicherseits an ihn delegierter Maßnahmen.[130]

bb. Neuregelung des § 2a NotSanG

Wie bereits erörtert,[131] war bislang eine Ausübung der Heilkunde für das Rettungsfachpersonal ausschließlich im Rahmen der Notkompetenz möglich. Durch die Einfügung des § 2a NotSanG hat der Bundesgesetzgeber nunmehr den rechtlichen Rahmen für die Tätigkeit des Rettungsfachpersonals erneuert. Demnach dürfen Notfallsanitäter „heilkundliche Maßnahmen auch invasiver Art bis zum Eintreffen des Notarztes oder dem Beginn einer weiteren ärztlichen, auch teleärztlichen Versorgung" nunmehr eigenverantwortlich durchführen, wenn sie diese Maßnahmen in ihrer Ausbildung erlernt haben und beherrschen und „die Maßnahmen jeweils erforderlich sind, um Lebensgefahr oder wesentliche Folgeschäden" von Notfallpatienten abzuwenden.[132] In Bezug auf die Begriffe „Lebensgefahr", „wesentliche Folgeschäden" sowie „Beherrschen" greift die Vorgabe die bereits bestehende Rechtslage auf, wie sie sich auch in der Ausbildungszielbeschreibung in § 4 Abs. 2 Nr. 1 lit. c) NotSanG widerspiegelt, die bereits vergleichbare Situationen beschreibt.[133]

Mit der Neuregelung des § 2a NotSanG soll nach der Gesetzesbegründung mehr Rechtssicherheit für Notfallsanitäter bei der Berufsausübung geschaffen werden.[134] Denn § 2a NotSanG stellt anders als § 4 NotSanG[135] kein bloßes Ausbildungsziel dar, sondern erteilt situationsabhängig eine beschränkte Heilkundebefugnis i.S.d. § 1 HPG.[136] Ergreift der Notfallsanitäter unter den in § 2a NotSanG normierten Voraussetzungen heilkundli-

---

130 *Lubrich*, MedR 2013, 221, 226 f.
131 Vgl. Ausführungen in Teil 2 II. 4. b. aa.
132 Vgl. BT-Drs. 19/26249 v. 27.1.2021, S. 92.
133 Vgl. hierzu die Ausführungen in Teil 2 II. 4. b. aa. (1).
134 Vgl. BT-Drs. 19/24447 v. 18.11.2020, S. 84. Zur Kritik des Deutschen Berufsverbands Rettungsdienst e.V. zum Referentenentwurf MTA-Reform-Gesetz siehe www.dbrd.de/index.php/aktuell/aktuelles.
135 Hierzu s. Ausführungen in Teil 2 II. 4. b. aa.
136 Vgl. *Dörrenbächer/Singler*, MedR 2021, Heft 6, im Erscheinen.

che Maßnahmen, verstößt er damit nicht gegen §§ 1, 5 HPG. Eines Rückgriffs auf § 34 StGB bedarf es in diesen Fällen folglich nicht mehr.

Die Konkretisierung der heilkundlichen Befugnisse der Notfallsanitäter im neuen § 2a NotSanG soll gleichzeitig auch dem Schutz der Notfallpatienten dienen. Insofern gilt es, die Ausübung von Heilkunde im Interesse der Patienten auf die Situationen zu beschränken, in denen akut keine ärztliche Versorgung möglich ist, und das Leben der Patienten durch die Notfallsanitäter vor Ort geschützt werden muss oder schwere Folgeschäden vermieden werden können.[137]

Die Neuregelung in § 2a NotSanG ist nicht abschließend.[138] Auch nach Inkrafttreten des § 2a NotSanG sind Einsatzkonstellationen denkbar, in denen Notfallsanitäter heilkundliche Tätigkeiten verrichten müssen, ohne dass alle Voraussetzungen des § 2a NotSanG erfüllt sind.[139] Diese Maßnahmen dürfen weiterhin ausschließlich im Rahmen der „Notkompetenz"[140], d.h. unter Berufung auf den rechtfertigenden Notstand (§ 34 StGB) ergriffen werden. Dabei dürfte es sich zwar letztlich nur um „wenige besondere Ausnahmefälle"[141] handeln. Diese gehen für den Notfallsanitäter jedoch stets mit dem Konflikt einher, dass einerseits erwartet wird, dass in der Ausbildung erlernte und beherrschte invasive Maßnahmen angewendet werden, weil das Leben des Patienten in Gefahr ist oder wesentliche Folgeschäden durch eine Verzögerung von Hilfeleistungen zu befürchten sind, ihm andererseits haftungs- und auch strafrechtliche Sanktionen drohen können. Die Neuregelung des § 2a NotSanG bewirkt insoweit auch keine Änderungen bezüglich des übrigen Haftungsmaßstabs für Notfallsanitäter, insb. was den Sorgfaltsmaßstab bei der Behandlung der Notfallpatienten betrifft. Dies bedeutet, dass bei medizinisch nicht- oder kontraindizierten Maßnahmen und einer daraus resultierenden Schädigung des Patienten der betroffene Notfallsanitäter auch weiterhin dem Vorwurf eines Behand-

---

137 Vgl. BT-Drs. 19/24447 v. 18.11.2020, S. 84; vgl. auch kritische Stellungnahme des Bundesverbandes der ÄLRD e.V. zum Art. 12 MTA-Reform-Gesetz zur Änderung des NotSanG v. 19.8.2020 u. 16.12.2020, jeweils abrufbar unter https://www.bv-aelrd.de/index.php/stellungnahmen.
138 Vgl. BT-Drs. 19/24447 v. 18.11.2020, S. 84.
139 Vgl. BT-Drs. 19/24447 v. 18.11.2020, S. 84.
140 Zur Notkompetenz der Rettungsassistenten vgl. die „Stellungnahme der Bundesärztekammer zur Notkompetenz von Rettungsassistenten und zur Delegation ärztlicher Leistungen im Rettungsdienst" vom 16.10.1992 abgedruckt in MedR 1993, 42; *Katzenmeier/Schrag-Slavu*, Rechtsfragen des Einsatzes der Telemedizin im Rettungsdienst, S. 52 ff. m.w.N.
141 Vgl. BT-Drs. 19/24447 v. 18.11.2020, S. 84.

lungsfehlers und somit einem zivil- bzw. strafrechtlichen Haftungsrisiko ausgesetzt sein kann.[142]

Wird der Notfallsanitäter im Rahmen des neuen § 2a NotSanG oder der Notkompetenz tätig, so darf er nicht alle Methoden und Mittel anwenden, die er beherrscht und die ihm im konkreten Einzelfall geeignet erscheinen. In Ausübung heilkundlicher Maßnahmen durch Notfallsanitäter sind ausschließlich Maßnahmen zulässig, die für die Erhaltung von Leben und Gesundheit unbedingt notwendig sind. Die Notfallsanitäter sind – auch mit der nunmehr geregelten Befugnis zur Ausübung der Heilkunde – grundsätzlich gehalten, die jeweilige Einsatzsituation sorgfältig zu prüfen und zu bewerten.[143] Die Handlung der Notfallsanitäter muss unter Abwägung der gesamten Umstände und Anlegen eines strengen Maßstabs das einzig mögliche und angemessene Mittel darstellen, um die gegenwärtige, nicht anders beherrschbare Gefahr für das Leben der Notfallpatienten abzuwenden.[144] Unter Berücksichtigung des Grundsatzes der Verhältnismäßigkeit muss der Notfallsanitäter entscheiden, welche Maßnahme zur Versorgung des Notfallpatienten am Notfallort und beim Transport ausreicht und die körperliche Integrität des Patienten am wenigsten beeinträchtigt.[145] Denn sollte sich im Nachhinein anhand der endgültigen Befunderhebung zeigen, dass etwa ein lebensbedrohlicher Zustand nicht vorgelegen hat, wäre die Ausübung der heilkundlichen Tätigkeiten objektiv als unzulässig zu bewerten. Für die rechtliche Beurteilung des Verhaltens der Notfallsanitäter sind folglich der Zeitpunkt des Handelns und die äußeren Umstände am Notfallort von entscheidender Bedeutung.[146] Das heißt, eine unzulässige und auch subjektiv vorwerfbare Ausübung von Heilkunde könnte in solchen Fällen nur dann angenommen werden, wenn auch in einer ex-ante-Betrachtung im Augenblick des Handelns keine Lebensgefahr gedroht hat oder keine wesentlichen Folgeschäden zu erwarten waren und dies für den handelnden Notfallsanitäter auch erkennbar war.[147]

---

142 *Dörrenbächer/Singler*, MedR 2021, Heft 6, im Erscheinen. Zur Haftung der Notfallsanitäter vgl. Ausführungen in Teil 3 III. Ausführlich zur Haftung der Rettungsassistenten *Katzenmeier/Schrag-Slavu*, Rechtsfragen des Einsatzes der Telemedizin im Rettungsdienst, S. 92 ff. m.w.N.
143 BT-Drs. 19/24447 v. 18.11.2020, S. 86.
144 Vgl. BT-Drs. 19/24447 v. 18.11.2020, S. 85; vgl. auch *Perron*, in: Schönke/Schröder, StGB, § 34 Rn. 18 ff. m.w.N.
145 Vgl. bereits BT-Drs. 608/12 v. 12.10.2012, S. 31 ff.; *D. Prütting*, RettG NRW, § 4 Rn. 34a.
146 *Luxem/Runggaldier/Karutz/Flake*, Notfallsanitäter Heute, S. 1338 ff.
147 BT-Drs. 19/24447 v. 18.11.2020, S. 86.

Zum Schutz der Notfallpatienten muss weiterhin sichergestellt sein, dass der Notfallsanitäter die betreffende Maßnahme im Zeitpunkt seiner Ausführung auch sicher beherrscht. Nach den allgemeinen Maßstäben beruflicher Bildung wird eine Maßnahme dann beherrscht, wenn sie auf der Basis sicheren theoretischen Wissens praktisch sicher angewendet werden kann. Dass Notfallsanitäter die anzuwendenden Maßnahmen beherrschen, haben sie in aller Regel mit dem Bestehen der staatlichen Prüfung nachgewiesen. Insofern gilt in Bezug auf die Neuregelung des § 2a NotSanG kein anderer Maßstab. Vielmehr soll damit deutlich gemacht werden, dass der handelnde Notfallsanitäter auch im Moment der Übernahme der Tätigkeit selbst davon überzeugt ist, die Maßnahme ausreichend zu beherrschen.[148] Das Erfordernis der erlernten und beherrschten Maßnahme macht deutlich, dass im Zweifel auch das Unterlassen einer Maßnahme die richtige Wahl sein kann, wenn ernstzunehmende Zweifel an der sicheren Ausführung bestehen und die Risiken für den Patienten groß sind.[149] Die individuelle Überprüfung, welche Maßnahmen der einzelne Notfallsanitäter im Rahmen der besonderen „Notfallsanitäterkompetenz" übernehmen kann, sowie die sichere Beherrschung der Maßnahmen unterliegen der fortlaufenden Kontrolle.[150] Die Überwachung soll entweder durch einen ÄLRD oder einen hierfür von den Durchführenden des Rettungsdienstes (wie Feuerwehren oder Hilfsorganisationen) beauftragten Arzt erfolgen.[151]

Den erhöhten Gefahren, der Komplikationsdichte und letztlich auch der rechtlichen Unsicherheit, die mit den Notkompetenz-Maßnahmen verbunden sind, kann durch den Einsatz des Telenotarzt-Systems entgegengewirkt werden. Ein eigenständiges Handeln des Rettungsfachpersonals im Rahmen der Notkompetenz ist dort nicht notwendig, wo der (Tele)Notarzt in die Behandlung des Patienten eingreift. Aus der Verpflichtung zum eigenständigen Handeln wird dann ein Handeln auf ärztliche Weisung, für das der Arzt die Letztverantwortung trägt. Zwar wird nicht in jeder

---

148 BT-Drs. 19/24447 v. 18.11.2020, S. 85.
149 Das Erkennen der eigenen Überforderung und die damit einhergehende Notwendigkeit, die Behandlung des Patienten durch entsprechend qualifizierte Kräfte sicherzustellen, gilt nicht nur für Ärzte (vgl. etwa BGH NJW 1988, 2298, 2299), sondern ist als allgemeine Regel des arbeitsteiligen Zusammenwirkens im medizinischen Bereich anzuerkennen, vgl. hierzu *Dörrenbächer/Singler*, MedR 2021, Heft 6, im Erscheinen m.w.N.; vgl. auch Ausführungen in Teil 1 III. 3.
150 Vgl. *Luxem/Runggaldier/Karutz/Flake*, Notfallsanitäter Heute, S. 1338 ff.
151 Vgl. *Lechleuthner/Funk*, Notkompetenzsystem, S. 100; *Dittrich*, GuP 2020, 189, 191 f.

Notfallsituation ausreichend Zeit zur Verfügung stehen, einen Telenotarzt kontaktieren zu können. Wo die Notsituation aber Raum für dessen Hinzuziehung zulässt, kann der Einsatz des Telenotarzt-Systems folglich nicht nur die Behandlungssicherheit des Notfallpatienten erhöhen, sondern – gerade auch in den rechtlich relevanten Zweifelsfällen[152] – für Rechtssicherheit für das Rettungspersonal sorgen. Dass auch der Gesetzgeber diesbezüglich die Vorteile des Einsatzes der Telemedizin im Rettungsdienst bedacht hat, zeigt die Gesetzesbegründung zum NotSanG, der zufolge Voraussetzung der Anwendung invasiver ärztlicher Tätigkeiten durch Notfallsanitäter ist, dass der Patient sich in einem solch bedrohlichen Zustand befindet, dass den Notfallsanitätern „ein Warten auf das Eintreffen ärztlicher Hilfe nicht zugemutet werden kann und auch eine telefonische oder sonstige kurzfristig erreichbare Rückkopplung mit (…) einem Arzt nicht möglich ist".[153] Mit Hilfe des Telenotarzt-Systems könnte das Erfordernis des Handelns des Notfallsanitäters im Rahmen der Notkompetenz insofern verringert werden, als sich die eigenverantwortliche Durchführung durch teleärztlichen Sachverstand untermauert. Der Einsatz des Telenotarzt-Systems kann dabei zu einer erweiterten, ärztlich assistierten Handlungskompetenz des Rettungsfachpersonals führen, was nicht nur zu einer erhöhten Behandlungssicherheit für die Notfallpatienten, sondern auch mit einer gesteigerten Rechtssicherheit für das nichtärztliche Personal einhergeht.

Mit der jüngst beschlossenen Änderung des NotSanG wurde der Begriff der teleärztlichen Versorgung gesetzlich verankert. Dieser soll verdeutlichen, dass eine ärztliche Versorgung auch dann gegeben ist, wenn die medizinische Versorgung über eine räumliche Distanz erfolgt. Maßgeblich ist, dass die Entscheidung über eine vorzunehmende Maßnahme dabei von einem Arzt getroffen wird.[154] Die Regelung legt jedoch nicht fest, welcher Arzt im konkreten Einzelfall Ansprechpartner des jeweiligen Notfallsanitäters ist. Hier kommt es auf die Versorgungsrealität oder die konkrete Einsatzsituation an. Es ist daher Aufgabe der Länder, im Vollzug zu entscheiden, welche ärztliche Person in der jeweiligen Struktur des Rettungsdienstes oder in dem jeweiligen Einsatzgeschehen die Funktion des Telenotarztes übernimmt. Die Situation ist hier insoweit vergleichbar mit der Funktion des ÄLRD, bei der ebenfalls die konkrete ärztliche Person, die diese

---

152 *Haage*, in: NotSanG, § 4 Rn. 6: „Rechtlich relevant dürften hier immer die Zweifelsfälle sein oder nachträglich abweichende Beurteilungen der Sachlage."
153 Vgl. BT-Drs. 17/11689 v. 28.11.2012, S. 21.
154 Vgl. BT-Drs. 19/24447 v. 18.11.2020, S. 85; vgl. auch Referentenentwurf zum MTA-Reform-Gesetz v. 31.7.2020, S. 98.

Funktion übernimmt, durch die Organisation des Rettungsdienstes vor Ort bestimmt wird.[155]

5. Delegation ärztlicher Leistungen durch den Telenotarzt

Trotz des grundsätzlichen Verbots der Übertragung von ärztlichen Maßnahmen auf Dritte,[156] ist es allgemein anerkannt, dass der Arzt nicht jeden Handgriff bei der ärztlichen Behandlung eigenhändig vornehmen muss, sondern Hilfeleistungen an fachlich ausreichend qualifiziertes Personal delegieren kann (vgl. auch §§ 15 Abs. 1 S. 2, 28 Abs. 1 S. 2 SGB V).[157]

Unter Delegation wird die Übertragung der Durchführung einer medizinischen Maßnahme durch einen Arzt auf nichtärztliches Personal verstanden. Die Delegation erfordert stets eine gesonderte ärztliche Anordnung und Überwachung.[158] Die Delegation kann immer nur zur Assistenz und nie zu einer eigenständigen Ausübung der Heilkunde neben oder anstelle des Arztes führen, sodass der Arzt im Falle einer Delegation aufgrund seiner sogenannten Letztentscheidungsbefugnis in der haftungsrechtlichen Verantwortung nach Maßgabe der §§ 280 Abs. 1, 278, § 831, ggf. § 823 Abs. 1 BGB steht.[159]

Früh hat der BGH festgestellt, dass der Einsatz nichtärztlicher Hilfspersonen in der modernen Medizin nicht (mehr) hinwegzudenken ist.[160] Auch im Bereich des Rettungsdienstes ist es gängige Praxis, dass ärztliche Tätigkeiten an das nichtärztliche Rettungsdienstpersonal übertragen werden, da der Notarzt nicht alle Tätigkeiten im Rahmen der Notfallbehand-

---

155 Vgl. Gesetzentwurf zum MTA-Reform-Gesetz, BT-Drs. 19/24447 v. 18.11.2020, S. 85; vgl. bereits Referentenentwurf v. 31.7.2020, S. 91; vgl. dazu *Dittrich*, GuP 2020, 189, 194 f.
156 *Lipp*, in: *Laufs/Katzenmeier/Lipp*, Arztrecht, Kap. III Rn. 39 ff.; *Katzenmeier*, in: BeckOK-BGB, 57. Ed. 2021, § 630b Rn. 4 jeweils m.w.N.
157 Ausführlich hierzu *Achterfeld*, Aufgabenverteilung im Gesundheitswesen, S. 40 ff.; *Bohne*, Delegation ärztlicher Tätigkeiten, S. 167 ff.
158 *Katzenmeier*, in: *Laufs/Katzenmeier/Lipp*, Arztrecht, Kap. X Rn. 57; *Achterfeld*, Aufgabenverteilung im Gesundheitswesen, S. 40 ff.
159 *Katzenmeier*, Arzthaftung, S. 94 ff., 111 ff.; *Frahm/Walter*, Arzthaftungsrecht, Rn. 205; *Großkopf/Klein*, Recht in Medizin und Pflege, 5. Aufl. 2019.
160 BGH NJW 1975, 2245, 2246; s. auch OLG Dresden, MedR 2009, 410; *Achterfeld*, Aufgabenverteilung im Gesundheitswesen, S. 40 ff.; *Bergmann*, MedR 2009, 1, 3.

lung selbst durchführen kann.[161] Delegationsfähig sind in diesem Zusammenhang insbesondere diejenigen Leistungen, die zum Pflichtbestandteil der Ausbildung zum Notfallsanitäter gehören.

Wenn sich kein Notarzt vor Ort befindet, sondern nur mit Hilfe moderner Kommunikationsmedien zur Einsatzstelle zugeschaltet wird, stellt sich die zentrale Frage, ob ärztliche Maßnahmen auch telematisch delegiert werden können. Dabei hat der Telenotarzt zu entscheiden, ob eine Delegation an nichtärztliches Hilfspersonal im Einzelfall[162] mit den medizinischen Erfordernissen zu vereinbaren ist oder nicht.[163] Als im Einzelfall delegationsfähige Leistungen werden solche Verrichtungen angesehen, die vom entsprechend qualifizierten nichtärztlichen Personal sicher ausgeführt werden können und die nach Art des Eingriffs, Komplikationsdichte oder Schweregrad der Krankheit oder Verletzung ein persönliches Tätigwerden des Arztes nicht voraussetzen. In einer solchen Einsatzsituation darf der Telenotarzt – solange keine schwerwiegenden Qualifikations- und Sorgfaltsmängel auftreten – darauf vertrauen, dass der Notfallsanitäter, der eine berufsqualifizierende Prüfung bestanden hat, auch diejenigen Kenntnisse und Fähigkeiten besitzt, die er sowohl in der staatlichen Prüfung als auch in der kontinuierlichen Fort- und Weiterbildung nachweisen musste. Auf ärztliche Anweisung und unter ärztlicher Aufsicht dürfen die Notfallsanitäter z.B. bestimmte Medikamente durch subkutane, intramuskuläre Injektionen, intravenöse Infusionen und unter bestimmten Umständen auch intravenöse Injektionen applizieren.[164] Schließlich hat der Telenotarzt eine ordnungsgemäße Überwachung der Durchführung der delegierten Maßnahme sicherzustellen.[165] Die Aufsicht kann dabei mittels eines technisch

---

161 Ausführlich zur Delegation ärztlicher Maßnahmen im Rettungsdienst *Katzenmeier/Schrag-Slavu*, Rechtsfragen des Einsatzes der Telemedizin im Rettungsdienst, S. 45 ff. m.w.N.

162 Zur Klassifizierung der Delegationsfähigkeit ärztlicher Leistungen vgl. Stellungnahme der BÄK vom 16.2.1974, DMW 1974, 1380; *Achterfeld*, Aufgabenverteilung im Gesundheitswesen, S. 40 ff.; *Kern*, in: Laufs/Kern/Rehborn, Handbuch des Arztrechts, § 49 Rn. 5 ff. jeweils m.w.N.

163 Ausführlich hierzu *Katzenmeier/Schrag-Slavu*, Rechtsfragen des Einsatzes der Telemedizin im Rettungsdienst, S. 47 ff. m.w.N.

164 *Kern/Rehborn*, in: Laufs/Kern/Rehborn, Handbuch des Arztrechts, § 99 Rn. 18; *D. Prütting*, RettG NRW, § 4 Rn. 29.

165 Die ärztliche Überwachungspflicht dient generell der Kontrolle des Verhaltens der Hilfspersonen, um zu gewährleisten, dass ihre Tätigkeit in Übereinstimmung mit den vorhandenen Richtlinien, Leitlinien oder Behandlungsalgorithmen ausgeübt wird, vgl. *Katzenmeier/Schrag-Slavu*, Rechtsfragen des Einsatzes der Telemedizin im Rettungsdienst, S. 49 ff. m.w.N.

möglichen interaktiven Kontaktes zu und von dem ausführenden Mitarbeiter erfolgen.[166]

Dieses Verständnis der ärztlichen Überwachungspflicht ermöglicht auch bei der Anwendung des Telenotarzt-Systems die fernmündliche Übertragung ärztlicher Maßnahmen aus der TNA-Zentrale auf das Rettungsfachpersonal.[167] Denn im Bereich der präklinischen Notfallmedizin muss generell sofort gehandelt werden, um schwere gesundheitliche Schäden des Notfallpatienten abzuwehren oder eine schnelle Verbesserung seines Gesundheitszustandes zu erreichen. Verzögerungen durch die Nachalarmierung eines Notarztes können in der Notfallrettung unter Umständen zu irreversiblen gesundheitlichen Folgen führen. Ein sofortiges Handeln ist dabei auch bei einem Algorithmus notwendig, bei welchem nach dem Indikationskatalog ein Notarzt sofort alarmiert werden muss.[168]

Das Ziel der staatlichen Ausbildung zum Notfallsanitäter (zuvor zum Rettungsassistenten) ist es daher, den Berufsangehörigen insbesondere dazu zu befähigen, lebensrettende Maßnahmen am Notfallort durchzuführen. Dadurch soll sichergestellt werden, dass den Notfallpatienten eine erste fachgerechte Hilfe zugutekommt. Dieses Ziel kann durch telematische Delegation ärztlicher Leistungen auf das Rettungsdienstpersonal u.U. aber nur erreicht werden, wenn der handelnde Notfallsanitäter ausreichendes Wissen sowie hinlängliche Erfahrung nachweisen kann. Dies insbesondere vor dem Hintergrund, dass die auf das nichtärztliche Rettungsfachpersonal delegierbaren Maßnahmen risikobehaftet sind und die individuelle Beherrschung dieser Maßnahmen nicht allein durch das Erreichen des Ausbildungsziels als Notfallsanitäter gewährleistet ist. Für die sichere Durchführung dieser Maßnahmen bedarf es daher der fortlaufenden und nachweisbaren Übung. Die sichere Beherrschung der Maßnahmen hat der zuständige ÄLRD des jeweiligen Rettungsdienstträgers stets festzustellen, vgl. auch § 4 Abs. 2 Nr. 2 lit. c) NotSanG.

---

166 *Fehn/Selen*, Rechtshandbuch für Feuerwehr und Rettungsdienst, S. 203 f.; vgl. auch *Achterfeld*, Aufgabenverteilung im Gesundheitswesen, S. 54 f.; *Steffen*, in: FS für Stoll, S. 71, 74 ff.; *Tillmanns*, in: Niederlag/Dierks/Rienhoff/Lemke, Rechtliche Aspekte der Telemedizin, S. 74, 77 ff.
167 *Katzenmeier/Schrag-Slavu*, Rechtsfragen des Einsatzes der Telemedizin im Rettungsdienst, S. 49 ff. m.w.N.
168 Vgl. Indikationskatalog für den Notarzteinsatz der BÄK v. 23.11.2001 in der überarbeiteten Fassung v. 22.2.2013 abrufbar unter https://www.bundesaerztekammer.de/fileadmin/user_upload/downloads/ NAIK-Indikationskatalog_fuer_den_Notarzteinsatz_22022013.pdf.

Teil 2. Medizinrechtliche Fragestellungen des Telenotarzt-Systems NRW

Bei der Implementierung des Telenotarzt-Systems ist folglich zu empfehlen, die telematische Übertragung ärztlicher Maßnahmen auf staatlich geprüfte Notfallsanitäter bzw. bis 31.12.2026 auf Rettungsassistenten zu beschränken, da nur bei diesen Berufsgruppen auf hinreichende Qualifikation vertraut werden kann. Für die Implementierung des Telenotarzt-Systems ist weiterhin zu empfehlen, dass der Rettungsdienstträger oder der für die Erstellung der Dienstpläne und der Einsätze zuständige Mitarbeiter mit dem diensthabenden Notarzt den jeweiligen Dienstablauf unter dem Gesichtspunkt der Qualifikation des nichtärztlichen Personals abspricht. Insbesondere durch die Einrichtung eines „Fall-Back-Systems", wodurch das Rettungsfachpersonal vor Ort einen qualifizierten Notarzt zwecks eventueller Rückfragen jederzeit erreichen kann, werden notärztliche Ressourcen gebündelt bei Gewährleistung größtmöglicher Patientensicherheit. Über das „Fall-Back-System" hinaus ist sicherzustellen, dass im Bedarfsfall auch ein Notarzt zur Einsatzstelle nachalarmiert werden kann. Eine solche Entscheidung verbleibt grds. beim Notfallsanitäter bzw. Rettungsassistenten.[169]

Der allgemeine Gesundheitszustand des Patienten sowie verschiedene technische Schwierigkeiten oder auch die Art der auszuführenden ärztlichen Maßnahme können der Behandlung bei telematischer Übertragung Grenzen setzen. Wenn der Notfallsanitäter oder Rettungsassistent, der eine ärztliche Maßnahme zur Ausführung übertragen bekommt, unsicher ist oder im konkreten Fall Bedenken gegen die Ausführung hat (z.B. wegen technischer Schwierigkeiten, fehlender manueller Fähigkeiten oder vermeintlich falscher Therapie), kann und muss er die Durchführung ablehnen. Dem nichtärztlichen Mitarbeiter kann zwar nicht zugemutet werden, die Qualität jeder der ihm übertragenen medizinischen Maßnahmen zu überprüfen. Er hat aber im Rahmen seiner Assistenz bei der ärztlichen Notfallversorgung jederzeit die Möglichkeit und gleichzeitig die Verpflichtung, Vorschläge zur Behandlung des Patienten zu unterbreiten oder eigene Vorbehalte gegenüber angeordneten Maßnahmen zu äußern. Bei Meinungsverschiedenheiten zwischen dem Notfallsanitäter oder Rettungsassis-

---

169 Nach dem Ausbildungsziel des NotSanG müssen vitale Bedrohungen erkannt werden können und die Notfallsanitäter müssen in der Lage sein einzuschätzen, ob der Einsatz eines Notarztes erforderlich ist. Darüber hinaus können sie einen von der Rettungsleitstelle alarmierten und sich auf der Fahrt zur Einsatzstelle befindenden Notarzt „abbestellen", wenn sich vor Ort herausstellt, dass kein Notarzt gebraucht wird, vgl. BT-Drs. 17/11689 v. 28.11.2012, S. 21. Bis zum Inkrafttreten des NotSanG verfügten die Rettungsassistenten auch über diese Möglichkeiten.

tenten und dem Telenotarzt sollte der Rettungsdienstmitarbeiter dann den diensthabenden Notarzt einschalten, auch wenn der Telenotarzt eine gegenteilige Weisung erteilt. Zeitraubende Auseinandersetzungen müssen in der Praxis vermieden werden. Dies sollte dadurch geschehen, dass die Befolgung der Empfehlungen des Telenotarztes vom jeweiligen Rettungsdienstträger als Dienstanweisung ohne großen Spielraum für das Rettungsdienstpersonal vorgegeben wird. Inwieweit die jeweilige telemedizinische Maßnahme im Einzelfall zulässig ist, muss anhand der Umstände des konkreten Falles beurteilt werden. Dabei sind insbesondere die bestehenden Sicherheitsvorkehrungen und die Qualifikation des Personals vor Ort von Bedeutung.

Schließlich können moderne medizinische Kooperationsformen wie eine hochqualifizierte, arztbesetzte TNA-Zentrale und damit einhergehend multiprofessionelle Behandlungsteams im Rettungsdienst die heute festzustellende Fragmentierung in der Notfallversorgung überwinden. Die Etablierung erweiterter Kompetenzen des Rettungsfachpersonals auf der Grundlage einer möglichen Delegation ärztlicher Leistungen aus der Ferne, wie sie das neue Telenotarzt-System bietet,[170] wird die ärztliche Heilkunde in der präklinischen Notfallmedizin nicht ersetzen können. Zusammen mit dem Einsatz der Telemedizin kann sie jedoch helfen, strukturelle und funktionelle Defizite der flächendeckenden notärztlichen Versorgung der Bevölkerung zu überwinden und auf telematischem Wege eine ärztliche Notfallversorgung sicherzustellen.[171] Die Entwicklung von Behandlungsalgorithmen für häufige Indikationen für den Einsatz des Telenotarzt-Systems kann den Versorgungsbeginn vor Eintreffen des Notarztes ermöglichen und die Verfügbarkeit der Notarztsysteme bei vital bedrohlichen Ereignissen sichern. Die präklinische Notfallversorgung soll daher gemäß den anerkannten Leitlinien der wissenschaftlichen Fachgesellschaften über sektorenübergreifende interne und externe Qualitätsmanagementprogramme abgesichert werden.

Die im Zuge des MTA-Reform-Gesetzes im § 2a Abs. 2 NotSanG vorgesehene Erarbeitung von unverbindlichen Mustern durch das BMG für standardmäßige Vorgaben bei notfallmedizinischen Zustandsbildern und

---

170 Der Einsatz des Telenotarzt-Systems wurde insbesondere im Probebetrieb auf die Anwendungssicherheit bei Delegation an Rettungsassistenten hin untersucht. Weitere Informationen abrufbar unter https://www.ukaachen.de/kliniken-institute/telemedizinzentrum-aachen/projekte-kompetenzzentren/temras.html. Vgl. auch *Dittrich*, GuP 2020, 189, 193 f.
171 *Katzenmeier/Schrag-Slavu*, Rechtsfragen des Einsatzes der Telemedizin im Rettungsdienst, S. 61.

-situationen[172] fand im Gesetzgebungsverfahren jedoch keine Zustimmung.[173] Damit wurde dem Umstand Rechnung getragen, dass solche Vorgaben im Grundsatz bereits von den ÄLRD im Rahmen des sog. Pyramidenprozesses in den letzten Jahren entwickelt wurden. Ihre verstärkte bundesweite und flächendeckende Anwendung würde einen wichtigen Beitrag dafür leisten, dass Notfallsanitäter – gerade auch in besonderen Einsatzsituationen – heilkundliche Maßnahmen rechtssicher im Wege der Delegation – auch durch den Telenotarzt – und somit ohne Übernahme der Haftungsverantwortung durchführen können.[174]

6. Aufklärung und Einwilligung beim Einsatz des Telenotarzt-Systems

Beim Einsatz des Telenotarzt-Systems muss im Vorfeld eine klare Unterscheidung vorgenommen werden zwischen einer Beratung des Notarztes vor Ort durch den Telenotarzt ohne konkreten Bezug zum jeweiligen Patienten, der gemeinsamen Behandlung durch den Notarzt vor Ort und den Telenotarzt und schließlich der alleinigen (Weiter-)Behandlung durch den Telenotarzt. In den beiden letztgenannten Fällen bedarf es grundsätzlich der Zustimmung durch den Patienten. Denn von dieser vorab erklärten Einwilligung hängt die Rechtmäßigkeit der konkreten Behandlungsmaßnahme ab (s. auch § 630d BGB).

a. Grundlagen der ärztlichen Aufklärungspflicht

Der Einwilligung muss eine Aufklärung des Patienten vorausgehen (s. auch § 630e BGB), deren oberster Zweck es ist, dem Patienten eine sinnvolle Wahrnehmung seines Selbstbestimmungsrechts zu ermöglichen.[175] Eine sinnvolle Entscheidung kann der Patient nur treffen, wenn der Arzt

---

172 Vgl. BT-Drs. 19/24447 v. 18.11.2020, S. 86 f.: Unter Einbeziehung der einschlägigen Fachverbände sollte „damit insgesamt eine einheitlichere Rechtslage im Bundesgebiet gefördert werden, indem den Ländern Mustervorgaben zur Verfügung stehen, die sie den jeweiligen landesrechtlichen Vorgaben zugrunde legen können, dies aber nicht müssen".
173 Vgl. BT-Drs. 19/26249 v. 27.1.2021, S. 92.
174 Vgl. BT-Drs. 19/26249 v. 27.1.2021, S. 92.
175 BT-Drs. 17/10488 v. 15.8.2012, S. 24; BVerfGE 52, 131, 175 ff. = BVerfG NJW 1979, 1925, 1931; *Francke/Hart*, Charta der Patientenrechte, 1999, S. 117 ff.; *Hart*, MedR 2015, 1, 7 zu dem Gebot partizipativer Entscheidungsfindung.

ihn angemessen aufgeklärt hat. Fehlt es an einer Einwilligung nach Aufklärung, so ist die Behandlung grundsätzlich rechtswidrig.[176] Das gilt auch dann, wenn diese medizinisch indiziert ist und fachgerecht durchgeführt wurde. Die Aufklärungspflicht bezieht sich nicht nur auf das „Ob", sondern auch auf die Art und Weise der Behandlung. Dem Kranken muss es letztlich überlassen bleiben, ob er sich behandeln lassen will und für welche Risiken und Chancen alternativ zur Verfügung stehender Therapien er sich entscheidet. Auf Alternativen zur Maßnahme ist er hinzuweisen, wenn mehrere medizinisch gleichermaßen indizierte und übliche Methoden zu wesentlich unterschiedlichen Belastungen, Risiken oder Heilungschancen führen, vgl. auch § 630e Abs. 1 S. 3 BGB.[177]

Der Umfang der erforderlichen Aufklärung lässt sich dabei nicht pauschal festlegen, sondern hängt weithin von den Umständen des konkreten Falles ab. Grundsätzlich gilt: Je dringlicher eine medizinische Maßnahme erscheint, umso geringer fällt die Aufklärung über Nutzen und Risiken der Behandlung im konkreten Fall aus. Im Umkehrschluss muss beachtet werden, dass die Aufklärung umso umfangreicher und genauer sein muss, je mehr Zeit zur Verfügung steht, um eine Behandlung einzuleiten.[178]

Dieser Grundsatz gilt auch beim Einsatz des Telenotarzt-Systems, auch wenn bei Notfallpatienten der Umfang der ärztlichen Aufklärungspflicht dem Gesundheitszustand des Patienten angepasst werden muss und angesichts des meist bestehenden Zeitdrucks in der Regel eingeschränkt ist. Grundsätzlich wird eine pauschale Aufklärung als ausreichend angesehen.[179] Das Erfordernis der Aufklärung und Einwilligung kann bei der

---

[176] Vgl. aus dem Strafrecht RGSt 25, 375; 78, 432, 433 ff.; BGHSt 11, 111, 112 = NJW 1958, 267; 16, 309 = NJW 1962, 682; 35, 246 = NJW 1988, 231 = MedR 1988, 248; 45, 219 = NJW 2000, 885 = MedR 2000, 231; aus dem Zivilrecht BGHZ 29, 33 = NJW 1959, 811; 29, 46, 49 = NJW 1959, 811, 812; 85, 327 = NJW 1983, 328 = VersR 1983, 264; 106, 391, 397 f. = NJW 1989, 1533, 1535 = MedR 1989, 188, 191 f.; krit. *Katzenmeier*, Arzthaftung, S. 118 ff. m.w.N.: Betroffenes Rechtsgut bei indizierten und lege artis durchgeführten aber nicht konsentierten Heileingriffen ist ausschließlich das Selbstbestimmungsrecht des Patienten, welches einen festen Bestandteil des allgemeinen Persönlichkeitsrechts darstellt. Für Persönlichkeitsrechtsbezug statt Körperverletzungsdoktrin auch *Hart*, in: FS für Heinrichs, 1998, S. 291 ff.; *ders.*, MedR 2020, 34 f. m.w.N.
[177] Dazu *Katzenmeier*, in: BeckOK-BGB, 57. Ed. 2021, § 630e; *Wagner*, in: MüKo-BGB, § 630e; *Spickhoff*, in: ders. (Hrsg.), Medizinrecht, § 630e BGB.
[178] *Kern*, in: Laufs/Kern/Rehborn, Handbuch des Arztrechts, § 72 Rn. 17; *Katzenmeier*, Arzthaftung, S. 327 ff. mit zahlreichen Nachweisen.
[179] BGH NJW 1982, 2121; OLG München GesR 2007, 112, 114; vgl. *Biermann*, in: Ulsenheimer, Arztstrafrecht in der Praxis, Rn. 369 f.

Notfallrettung unter Umständen ganz entfallen.[180] Dies ist mit Rückgriff auf die Figur der mutmaßlichen Einwilligung der Fall, wenn der Patient nicht mehr einwilligungsfähig ist und/oder die Aufklärung aus Zeitgründen nicht mehr durchgeführt werden kann, ohne zugleich den Erfolg der Maßnahme zu gefährden,[181] vgl. auch §§ 630d Abs. 1 S. 4, 630e Abs. 3 BGB.

b. Aufklärung über den Einsatz eines Telenotarztes

Der Patient hat regelmäßig keinen Anspruch auf die Behandlung durch einen bestimmten Arzt. Auch bei der notärztlichen Behandlung hängt die Wirksamkeit der Einwilligung nicht davon ab, dass der Patient über die Person des Behandelnden aufgeklärt wurde. Anderes gilt indes bei der Hinzuziehung des Telenotarztes durch den Notfallmediziner vor Ort. Aufklärungspflichtig ist in dieser Konstellation zwar nicht der Umstand als solcher, dass ein weiterer Notarzt in die Behandlung einbezogen wird, allerdings ist der Patient darüber aufzuklären, dass die Hinzuziehung des weiteren Arztes mittels technischer Systeme erfolgt. Dabei muss insbesondere auf die Risiken der telemedizinischen Behandlung hingewiesen werden. So werden dahingehende Hinweise geboten sein, dass unter Umständen technische Systemstörungen oder Softwaremängel zu diagnostischen oder therapeutischen Fehlentscheidungen führen können.[182] Erforderlich ist das Einverständnis des Patienten, dass der Notarzt vor Ort einen weiteren Notarzt online konsultiert und dass diese Konsultation mithilfe der Übertragung von Patientendaten erfolgt.[183] Es ist folglich empfehlenswert, dass die Notärzte oder die Rettungsdienstunternehmen im Vorfeld der Behandlung zusammen mit der TNA-Zentrale einen internen Aufklärungskontrollbogen erstellen, der vor Ort mit individuellem Bezug auf den konkreten Patienten ergänzt wird. Den Inhalt des Aufklärungsgesprächs und

---

180 Bei dringlichen, nicht aufschiebbaren Maßnahmen „braucht der Arzt mit der Einwilligung nicht viel Umstände zu machen", so BGHSt 12, 379, 382 = NJW 1959, 825; s. auch *Kühl*, in: Lackner/Kühl, StGB, § 228 Rn. 14.
181 Vgl. BGHSt 45, 219 = NJW 2000, 885 = MedR 2000, 231; OLG Bamberg NJW-RR 2012, 467, 468; *Frahm/Walter*, Arzthaftungsrecht, Rn. 452 f.; *Fischer*, in: FS für Deutsch, 545 ff.
182 Vgl. *Katzenmeier/Schrag-Slavu*, Rechtsfragen des Einsatzes der Telemedizin im Rettungsdienst, S. 41 f. m.w.N.
183 Zu datenschutzrechtlichen Aspekten der Einwilligung vgl. Teil 5.

die Besonderheiten des Einzelfalls hat der Arzt zu dokumentieren.[184] Lehnt ein einwilligungsfähiger Patient die Einschaltung der TNA-Zentrale ab, ist diese Ablehnung für das Rettungsteam vor Ort bindend.[185] Beim Einsatz des Telenotarzt-Systems erfolgt die Dokumentation elektronisch nach DIVI-Standard in der Dokumentationssoftware der TNA-Zentrale. Mit Hilfe von digitalen Checklisten (z.B. auf einem Touch- oder Notepad) wird die Dokumentation des Einsatzes erleichtert und das exakte Festhalten zeitlicher Abläufe ermöglicht. Das Dokumentationsgerät setzt für jede Maßnahme einen Namen- und Zeitstempel.

Ist die Einwilligung des Patienten nicht oder nicht rechtzeitig einholbar, etwa weil er nicht ansprechbar ist, kann auf die mutmaßliche Einwilligung abgestellt werden.[186] Hiervon kann jedoch nur dann ausgegangen werden, wenn bei objektiver Würdigung des Einzelfalls die Einwilligung des Patienten in seine Behandlung zu erwarten gewesen wäre.[187] Die mutmaßliche Einwilligung reicht somit bei lebens- und gesundheitserhaltenden Notfallbehandlungen aus, wenn ärztliches Nichthandeln zu schweren Gesundheitsschäden führen würde.[188] Der mutmaßliche Wille des Patienten muss aber nach Möglichkeit durch Auskünfte naher Angehöriger oder enger Freunde ermittelt werden, falls sich diese Personen am Notfallort befinden und deren Befragung der Dringlichkeit der Behandlung nicht entgegensteht.

Bewusstlose Patienten sind hingegen einwilligungsunfähig und damit nicht mehr in der Lage, eine Einwilligung zu erklären. Doch auch Notfallpatienten, die bei Bewusstsein sind, können einwilligungsunfähig sein,

---

184 *Fehn*, MedR 2014, 543, 549 mit Verweis auf Ziffer 19 der Einbecker Empfehlungen der Deutschen Gesellschaft für Medizinrecht zu Rechtsfragen der Telemedizin v. 31.10.1999.
185 *Katzenmeier/Schrag-Slavu*, Rechtsfragen des Einsatzes der Telemedizin im Rettungsdienst, S. 39 ff. m.w.N.; *Fehn*, MedR 2014, 543, 549 schlägt bei zögerlichen Patienten (je nach zur Verfügung stehenden Zeit) die Vermittlung eines Gesprächs mit dem Telenotarzt zur Vertrauensbildung und weiteren Information vor.
186 BGHSt 45, 219 = NJW 2000, 885 = MedR 2000, 231 = JR 2000, 470 m. Anm. *Hoyer*; *Katzenmeier*, in: Laufs/Katzenmeier/Lipp, Arztrecht, Kap. V Rn. 50; *Fischer*, in: FS für Deutsch, S. 545 ff.; *Roxin*, in: FS für Welzel, S. 447 ff.; vgl. bei bestehendem Vertragsverhältnis § 630d Abs. 1 S. 4 BGB.
187 BGHSt 45, 219 = NJW 2000, 885 = MedR 2000, 231 = JR 2000, 470 m. Anm. *Hoyer*; *Sternberg-Lieben*, in: Schönke/Schröder, StGB, § 223 Rn. 38g m.w.N.; *Mitsch*, JZ 2005, 279.
188 BGHSt 35, 246, 249 = NJW 1988, 2310 f. = MedR 1988, 248 f.; 45, 219 = NJW 2000, 885 = MedR 2000, 231; BGHZ 29, 176, 185 = NJW 1959, 814 f.; *Pauge/Offenloch*, Arzthaftungsrecht, Rn. 460 m.w.N.

beispielsweise wenn sie unter Schock stehen oder starke Schmerzen erleiden. In diesen Situationen können die Patienten weder die Informationen über die Art, Bedeutung und Tragweite der ärztlichen Maßnahmen im konkreten Fall erfassen, bewerten oder verarbeiten noch ihren Willen entsprechend bestimmen.[189] In diesen Konstellationen kommt für jede invasiv-medizinische Maßnahme nur die oben genannte mutmaßliche Einwilligung des Patienten in Betracht.

Die dargelegten Grundsätze zur Einwilligung in die telematische Beratung eines Notarztes vor Ort gelten uneingeschränkt auch für die Situationen, in denen sich kein ärztliches Personal am Notfallort befindet und die ärztliche Behandlung des Patienten ausschließlich durch den Telenotarzt erfolgt. Hier ergibt sich ein grundsätzliches Aufklärungserfordernis zudem bereits aus dem Umstand, dass es sich um eine Fernbehandlung i.S.d. § 7 Abs. 4 MBO-Ä handelt. Stellt die Fernbehandlung eine echte Behandlungsalternative zu einer Behandlung durch einen Notarzt vor Ort dar, dann ist der Patient bereits vor dem Hintergrund der Notwendigkeit der Aufklärung über Behandlungsalternativen auf die Möglichkeit einer Beratung und Behandlung im persönlichen Kontakt durch einen Notarzt vor Ort hinzuweisen (vgl. auch § 630e Abs. 1 S. 3 BGB). Ein Aufklärungserfordernis kann sich hier – insbesondere in der Phase der Implementierung des Telenotarztsystems – zudem bereits aus dem Erfordernis der Patientenaufklärung über neue Behandlungsmethoden ergeben. Berufsrechtlich folgt die Pflicht zur Aufklärung über die Übernahme der Behandlung durch den Telenotarzt aus der dem § 7 Abs. 4 S. 3 MBO-Ä entsprechenden Norm der jeweiligen Berufsordnung.

Die Implementierung des Telenotarzt-Systems wird somit durch den (mutmaßlichen) Patientenwillen begrenzt, gleich ob man sich der Frage aus der Perspektive der sog. Notkompetenz oder der Delegation ärztlicher Leistungen auf das nichtärztliche Fachpersonal nähert. Eine Rechtfertigung stellt dabei nicht auf bestimmte Qualifikationen oder Fähigkeiten der durchführenden Person ab und unterscheidet nicht danach, ob ein Arzt oder ein Notfallsanitäter den Eingriff vornimmt. Bei einwilligungsfähigen Patienten muss vor der Beteiligung des Telenotarztes an der Behandlung des Notfallpatienten folglich eine situationsgerechte Aufklärung der Patienten erfolgen und eine ausdrückliche Einwilligung herbeigeführt werden. Eine Aufklärung ist hingegen nicht mehr erforderlich, wenn der

---

189 Grundlegend *Geilen*, Einwilligung und ärztliche Aufklärung, 1963; ausführlich jüngst *Genske*, Gesundheit und Selbstbestimmung – Voraussetzungen und Folgen der Einwilligungs(un)fähigkeit von Patienten, 2020.

Patient nicht mehr einwilligungsfähig ist und/oder eine sofortige Rücksprache mit dem Telenotarzt zur Lebensrettung oder Abwehr schwerer gesundheitlicher Schäden angezeigt ist.[190]

c. Aufklärungszuständigkeit

Nach ständiger Rechtsprechung und überwiegender Auffassung in der Literatur gehört die Selbstbestimmungsaufklärung zum nicht delegationsfähigen Kernbereich ärztlicher Tätigkeiten.[191] Für die ambulante und stationäre Behandlung gilt daher, dass die Aufklärung des Patienten grds. dem behandelnden Arzt obliegt und damit zwar auf andere Ärzte, nicht aber auf nichtärztliches Personal übertragen werden kann.[192]

Ist im Rettungseinsatz kein Arzt vor Ort, stellt sich auch im Bereich des Rettungswesens die Frage, wem die Aufklärung des Patienten obliegt. Über Maßnahmen innerhalb seines originären Tätigkeitsbereichs darf das Rettungsfachpersonal – sofern eine Aufklärung hier erforderlich ist – eigenständig aufklären.[193] Probleme im Hinblick auf die Aufklärung stellen sich jedoch dort, wo das nichtärztliche Personal aufklärungspflichtige heilkundliche Tätigkeiten im Rahmen der Notkompetenz oder im Wege der Delegation übernimmt.

Tatsächlich wird gerade in Fällen, in denen das Rettungsfachpersonal heilkundliche Maßnahmen im Wege der Notkompetenz durchführen muss, eine Aufklärung vielfach nicht möglich sein. Sofern der Patient jedoch situationsbedingt aufgeklärt werden kann und der Notfallsanitäter bzw. Rettungsassistent zur Hilfeleistung aufgrund der im Rahmen der Ausbildung erlernten und beherrschten Maßnahmen verpflichtet ist, muss er den Patienten auch entsprechend aufklären dürfen.[194] Eine notwendige Aufklärung ist insofern untrennbar mit der vorzunehmenden Maßnahme

---

190 *Fehn*, MedR 2014, 543, 549 m.w.N.
191 *Katzenmeier*, in: Laufs/Katzenmeier/Lipp, Arztrecht, Kap. V Rn. 46 m.w.N.; a.A. *Wagner*, in MüKo-BGB, § 630e Rn. 43.
192 *Katzenmeier*, in: Laufs/Katzenmeier/Lipp, Arztrecht, Kap. V Rn. 46 ff.; eingehend *Achterfeld*, Aufgabenverteilung im Gesundheitswesen, S. 141 ff.
193 *Tachezy*, Mutmaßliche Einwilligung und Notkompetenz in der präklinischen Notfallmedizin, S. 238 m.w.N.
194 *Boll*, Strafrechtliche Probleme bei Kompetenzüberschreitungen nichtärztlicher medizinischer Hilfspersonen in Notsituationen, S. 197; *Tachezy*, Mutmaßliche Einwilligung und Notkompetenz in der präklinischen Notfallmedizin, S. 238; *Kern/Rehborn*, in: Laufs/Kern/Rehborn, Handbuch des Arztrechts, § 20 Rn. 60.

verbunden und so letztlich von der Neuregelung des § 2a NotSanG sowie der Notkompetenz mitumfasst. Andernfalls würde das Wesen des Rettungsdienstes ad absurdum geführt. Die insoweit erforderlichen Fachkenntnisse liegen beim Rettungsfachpersonal auf der Grundlage der in der Ausbildung erworbenen Kompetenzen angesichts des notfallbedingt reduzierten Aufklärungsumfangs auch vor.[195]

Auch im Fall der zulässigen Delegation ärztlicher Maßnahmen auf nichtärztliches Personal[196] obliegt nach herrschender Auffassung dem Arzt die Aufklärung des Patienten. Das würde für den Fall der telenotärztlichen Behandlung bedeuten, dass der Arzt die Aufklärung des Patienten selbst übernehmen müsste. Zu berücksichtigen ist dabei, dass der BGH bislang nur in einem besonders gelagerten Einzelfall eine fernmündliche Aufklärung für ausreichend erachtet hat.[197] Das Risiko, dass eine fernmündliche Aufklärung sich im Nachhinein als unzureichend erweist, trägt der Arzt.[198] Darüber hinaus ist bereits zweifelhaft, ob eine Aufklärung durch den Telenotarzt im Notfalleinsatz technisch überhaupt realisierbar wäre. Vieles spricht daher dafür, auch hier die besonderen Bedingungen des Rettungseinsatzes zu berücksichtigen und das entsprechend ausgebildete Personal für aufklärungsbefugt hinsichtlich der übernommenen Maßnahmen zu erachten. Das gilt insbesondere in solchen Fällen, in denen die Alternative zu einem Handeln auf Anweisung und Überwachung des Telenotarztes ein Handeln im Rahmen der Notkompetenz wäre. Abzuwarten bleibt, ob die Rechtsprechung künftig bezüglich solcher Maßnahmen, die zwar von einem Arzt angeordnet, deren Durchführung aber zulässigerweise an

---

195 Vgl. insoweit auch *Tachezy*, Mutmaßliche Einwilligung und Notkompetenz in der präklinischen Notfallmedizin, S. 238; *Knauer/Brose*, in: Spickhoff (Hrsg.), Medizinrecht, § 222 StGB Rn. 52a.
196 In solchen Fällen wird nicht die Behandlung selbst auf das nichtärztliche Personal übertragen, sondern lediglich die Durchführung der jeweiligen Maßnahme, wenn das Personal die zur Übernahme der Tätigkeit erforderliche Qualifikation besitzt, vgl. *Achterfeld*, Aufgabenverteilung im Gesundheitswesen, S. 150 m.w.N.; vgl. auch *Katzenmeier*, NJW 2013, 817, 820.
197 BGH NJW 2010, 2430. Nach der Gesetzesbegründung zu § 630e BGB soll „in Übereinstimmung mit der Rspr. des Bundesgerichtshofs (…) die Aufklärung in einfach gelagerten Fällen auch fernmündlich erfolgen" können, BT-Drs. 17/10488 v. 15.8.2012, S. 24; großzügiger die Begr. zu dem am 19.12.2019 in Kraft getretenen Digitale Versorgung-Gesetz (DVG), BT-Drs. 19/13438 v. 23.9.2019, S. 70.
198 *Katzenmeier*, NJW 2019, 1769, 1773.

nichtärztliches Personal delegiert werden, eine Aufklärung durch dieses für zulässig erachtet.[199]

---

199 Vgl. *Katzenmeier*, NJW 2013, 817, 820 m.w.N.

Teil 3. Haftungsrechtliche Fragestellungen

I. Haftungsrechtliche Grundsatzfragen

Bei der juristischen Würdigung des rettungsdienstlichen Einsatzgeschehens gelten grds. die bekannten Verantwortungsprinzipien und Haftungsgrundsätze,[200] diese werden an die Besonderheiten des Rettungswesens angepasst. Bei der Frage nach einem eventuellen Sorgfaltspflichtverstoß durch den Einsatz der Telemedizin ergeben sich keine Besonderheiten gegenüber dem allgemeinen Arzthaftungsrecht. Auch wenn in Notfällen oftmals Abstriche von den allgemein geltenden Anforderungen an die medizinische Behandlung akzeptiert werden müssen,[201] manifestiert sich das Maß der erforderlichen Sorgfalt auch beim Einsatz der Telemedizin in fachlichen Standards. Der hinzugezogene Telenotarzt schuldet ebenso wie jeder andere Arzt die Einhaltung der fachlichen Standards.[202] Verfügt der Telenotarzt über Spezialkenntnisse, was regelmäßig der Grund seiner Hinzuziehung sein wird,[203] so ist er verpflichtet, diese bei der Behandlung des Patienten einzusetzen.[204]

Da in der Notfallrettung kein Behandlungsvertrag zustande kommt, stehen den Notfallpatienten grds. keine Ersatzansprüche aus dem Vertragsrecht, aber aus dem Recht der unerlaubten Handlungen zu.[205] Wie bei jeder anderen Berufshaftung ist maßgebend für die Haftungsbegründung

---

200 Das von der Rechtsprechung vornehmlich im deliktsrechtlichen Kontext herausgebildete Recht der Arzthaftung wurde durch das Gesetz zur Verbesserung der Rechte von Patienten v. 20.2.2013, BGBl. I, S. 277 (Patientenrechtegesetz) in den §§ 630a-h BGB vertragsrechtlich normiert; vgl. dazu *Katzenmeier*, NJW 2013, 817 ff.
201 *Greiner*, in: Spickhoff (Hrsg.), Medizinrecht, §§ 823-839 BGB Rn. 28 m.w.N.; *Killinger*, Die Besonderheiten der Arzthaftung im medizinischen Notfall, S. 57 ff.; *Siglmüller*, Rechtsfragen der Fernbehandlung, S. 168 f.
202 Vgl. *Katzenmeier/Schrag-Slavu*, Rechtsfragen des Einsatzes der Telemedizin im Rettungsdienst, S. 29 ff.; allgemein zur Haftung eines fernbehandelnden Arztes vgl. *Siglmüller*, Rechtsfragen der Fernbehandlung, S. 143 ff. m.w.N.
203 Zur Qualifizierung der am Telenotarzt-Projekt in NRW beteiligten Mediziner s. https://www.telenotarzt.de/telenotarzt-dienst.
204 Vgl. allg. zum Einsatz von Spezialkenntnissen BGH NJW 1987, 1479.
205 Vgl. *Katzenmeier*, Arzthaftung, S. 79 ff.

das Unterschreiten des einzuhaltenden fachlichen Standards,[206] soweit der sich daraus ergebende Behandlungsfehler und seine Ursächlichkeit für die Schädigung des Patienten festgestellt wurden.[207] Erfasst werden dabei nicht nur die „klassischen" Fehler bei der Behandlung selbst, sondern auch die Fehler im Behandlungsumfeld.[208] Zweck der zivilrechtlichen Haftung ist es, dem Patienten bei Schäden infolge des Unterschreitens des gebotenen fachlichen Standards zumindest einen finanziellen Ausgleich zu gewähren.[209] Der zivilrechtliche Haftungsmaßstab stellt hierbei darauf ab, welches Verhalten von einem gewissenhaften und aufmerksamen Arzt oder einer seiner Hilfspersonen in der konkreten Behandlungssituation und zum Zeitpunkt der Behandlung nach dem anerkannten fachlichen Standard erwartet werden konnte.[210]

Bei der Erbringung telemedizinischer Leistungen im Rettungsdienst stellt sich die Frage, wie die Verantwortung für einen Behandlungsfehler oder eine Aufklärungspflichtverletzung in den verschiedenen Konstellationen zwischen den beteiligten Ärzten und nichtärztlichen Mitarbeitern verteilt ist. Da die Organisationen, die den Transport der Notfallpatienten in NRW durchführen, in der Regel über kein ärztliches Personal verfügen,[211] sehen die Bestimmungen des RettG NRW eine andauernde Zusammenarbeit zwischen Rettungs- und Notarztdienst vor. Die Kooperation wirft die Frage der Kompetenzabgrenzung zwischen den am Rettungsdienst Beteiligten und insbesondere haftungsrechtliche Fragen auf.

Die persönliche Inanspruchnahme eines (Tele)Notarztes ist allerdings ausgeschlossen, wenn der Anspruch des geschädigten Patienten im Wege der Amtshaftung nach § 839 BGB i.V.m. Art. 34 S. 1 GG auf den Staat oder

---

206 *Katzenmeier*, Arzthaftung, S. 277 ff. mit zahlreichen Nachweisen; *Hart*, MedR 1998, 8 ff.; monographisch *Jansen*, Der Medizinische Standard, 2019; vgl. auch die Ausführungen in Teil 2 II. 1.
207 BGHZ 99, 391 = NJW 1987, 1482 = MedR 1987, 238 = VersR 1987, 1089; 144, 296 = NJW 2000, 2737 = VersR 2000, 1146.
208 Vgl. *Kern/Rehborn*, in: Laufs/Kern/Rehborn, Handbuch des Arztrechts, § 96 Rn. 17 ff.; *Katzenmeier*, Arzthaftung, S. 273 ff.; *ders*, in: Laufs/Katzenmeier/Lipp, Arztrecht, Kap. X Rn. 4 jeweils m.w.N.
209 *Pauge/Offenloch*, Arzthaftungsrecht, Rn. 169; *Wagner*, in: MüKo-BGB, Vor § 630a Rn. 34 ff.
210 BGHZ 113, 297 = NJW 1991, 1535 = MedR 1991, 195; 140, 309 = NJW 1999, 1779 = MedR 1999, 321; 144, 296 = NJW 2000, 2737 = VersR 2000, 1146; *Katzenmeier*, Arzthaftung, S. 283 ff.; *Pauge/Offenloch*, Arzthaftungsrecht, Rn. 169 m.w.N.
211 Vgl. *Katzenmeier/Schrag-Slavu*, Rechtsfragen des Einsatzes der Telemedizin im Rettungsdienst, S. 10 ff.

Teil 3. Haftungsrechtliche Fragestellungen

die Körperschaft, in deren Dienst der (Tele)Notarzt steht, übergeleitet wird. Eine solche Überleitung hat zur Folge, dass im Außenverhältnis zum Patienten nicht mehr der Arzt selbst, sondern allein der Rettungsdienstträger haftet, so im öffentlich-rechtlich organisierten Rettungsdienst in NRW.[212] Grundlage dieser Haftung ist das Rechtsverhältnis, das mit der Übernahme der Versorgung und des Transports eines Notfallpatienten durch das Rettungsfachpersonal zwischen dem Leistungserbringer und dem Patienten entsteht, unabhängig davon, ob der Patient geschäftsfähig ist oder nicht.[213]

Praktisch bedeutsam ist daher die Frage, ob der geschädigte Patient unmittelbar den Rettungsdienstträger nach den Grundsätzen der Amtshaftung in Anspruch nehmen kann. Den Schadensereignissen im Rettungsdienst liegen typischerweise Ursachen aus zwei verschiedenen Risikosphären zugrunde: Der eingetretene Schaden kann entweder auf einem individuellen Fehlverhalten des ärztlichen oder nichtärztlichen Rettungsdienstpersonals oder auf einem organisatorischen Mangel des öffentlichen Rettungswesens[214] beruhen. In beiden Fällen müssen für eine Überleitung des Anspruchs die allgemeinen Voraussetzungen der Amtshaftung erfüllt sein.

---

212 Dies gilt nicht für Unternehmen, denen die Durchführung von Aufgaben der Notfallrettung oder des Krankentransportes nach § 17 RettG NRW genehmigt worden ist. Die Genehmigung nach § 17 RettG NRW gilt allerdings ausdrücklich für die Notfallrettung außerhalb der Beteiligung am Rettungsdienst und grenzt sich damit deutlich von der öffentlich-rechtlichen Übertragung rettungsdienstlicher Aufgaben nach § 13 RettG NRW ab. Die Tätigkeit der Notärzte aufgrund Genehmigung nach § 17 RettG NRW ist daher nicht als hoheitlich, sondern als privat-rechtlich zu qualifizieren. Bei entsprechendem Bedarf können jedoch solche Unternehmen auf Antrag in den öffentlichen Rettungsdienst als Verwaltungshelfer eingebunden werden, sodass sie nicht mehr unter die Genehmigungspflicht des § 17 RettG NRW fallen. Die Tätigkeit der vertraglich verpflichteten Notärzte ist dann als hoheitlich anzusehen, vgl. *D. Prütting*, RettG NRW, § 17 Rn. 6 u. 61; zu § 18 RettG NRW a.F. vgl. *Killinger*, Die Besonderheiten der Arzthaftung im medizinischen Notfall, S. 176.
213 Zur Geschäftsführung ohne Auftrag in der präklinischen Notfallmedizin *Katzenmeier/Schrag-Slavu*, Rechtsfragen des Einsatzes der Telemedizin im Rettungsdienst, S. 70 ff. m.w.N.
214 Vgl. dazu die Ausführungen in Teil 3 IV.

II. Amtshaftung bei Tätigkeit der (Tele)Notärzte in NRW

1. Rechtliche Grundlagen

§ 839 BGB setzt voraus, dass ein Beamter in Ausübung eines öffentlichen Amtes eine drittbezogene Amtspflicht verletzt hat und hierdurch dem Anspruchssteller ein Schaden entstanden ist, bezüglich dessen ihm keine andere Ersatzmöglichkeit zur Verfügung steht.[215] Art. 34 S. 1 GG ergänzt diese Regelung dahingehend, dass die Verantwortlichkeit für den Schaden grds. auf den Staat oder die tragende Körperschaft übergeleitet wird, in deren Dienst der Beamte sich befindet und für die er eine öffentliche Aufgabe erfüllt.[216] Die Anstellungskörperschaft tritt folglich in die Eigenhaftung des Beamten ein (sog. Staatshaftung). Infolge der Überleitung nach Art. 34 GG haftet nur der Staat gegenüber dem Geschädigten. Im Außenverhältnis zum Geschädigten wird der Handelnde freigestellt.[217]

2. Tatbestandsvoraussetzungen

a. Ausübung eines öffentlichen Amtes durch die (Tele)Notärzte

Hinsichtlich § 839 BGB gilt der sog. haftungsrechtliche Beamtenbegriff.[218] Während das staatsrechtliche Verständnis eines Beamten auf Statusrecht abstellt, ist der haftungsrechtliche Beamtenbegriff weiter und fordert lediglich, dass jemandem von der zuständigen Stelle die Ausübung eines öffentlichen Amtes anvertraut worden ist.[219] Beamter i.S.d. § 839 BGB ist jeder, der in Erfüllung öffentlich-rechtlicher Pflichten gegenüber Dritten für den Hoheitsträger tätig wird.[220] Damit sind auch Angehörige des öffentlichen Dienstes (Angestellte und Arbeiter) sowie Personen in sonstigen öffentlich-

---

215 BGHZ 34, 99, 104 = NJW 1961, 658, 659 f.; 43, 178, 183 = NJW 1965, 1177, 1178 = VersR 1965, 569, 570; *Papier/Shirvani*, in: MüKo-BGB, § 839 Rn. 181 ff.
216 *Papier/Shirvani*, in: MüKo-BGB, § 839 Rn. 171 ff.; *Muthers*, in: NK-BGB, § 839 Rn. 4, 55; *Katzenmeier*, Arzthaftung, S. 142 ff. m.w.N.
217 *Wieland*, in: Dreier/GG, Art. 34 Rn. 33 ff.; *Windthorst*, JuS 1995, 791 f.
218 Vgl. *Papier/Shirvani*, in: MüKo-BGB, § 839 Rn. 181 ff. m.w.N.; *Rinne/Schlick*, NJW 2005, 3541 ff.
219 *Mayen*, in: Erman, BGB, § 839 Rn. 30 ff.; *Papier/Shirvani*, in: MüKo-BGB, § 839 Rn. 192 f. m.w.N.
220 BGHZ 121, 161, 165 = JZ 1993, 1001 m. Anm. *Osterloh*; BGHZ 125, 19, 24 f. = JZ 1994, 784 m. Anm. *Ossenbühl*.

rechtlichen Dienstverhältnissen und – in begrenztem Umfang – private Helfer der öffentlichen Verwaltung erfasst.[221] Dieser Auffassung hat sich auch der BGH weitgehend angeschlossen und sieht in dem privaten Unternehmer dann einen Amtsträger, „wenn der Private mit der von dem Hoheitsträger zu erfüllenden Aufgabe in einer so engen Verbindung steht und bei der Ausführung seiner Tätigkeit einen derart begrenzten Entscheidungsspielraum hat", dass diese Einordnung gerechtfertigt ist. So stellt sich die Frage, ob jemandem ein bestimmtes Verhalten als Ausübung eines öffentlichen Amtes anzusehen ist, nach ständiger Rechtsprechung danach, ob die eigentliche Zielsetzung, in deren Sinn die Person tätig wurde (hier: Sicherstellung und Durchführung des Rettungsdienstes), hoheitlicher Tätigkeit zuzurechnen ist, und ob zwischen dieser Zielsetzung und der schädigenden Handlung ein so enger äußerer und innerer Zusammenhang besteht, dass die Handlung ebenfalls noch als dem Bereich hoheitlicher Betätigung angehörend angesehen werden muss.[222] Dabei ist nicht auf die Person des Handelnden, sondern auf seine Funktion abzustellen, d.h. auf die Aufgabe, deren Wahrnehmung die im konkreten Fall ausgeübte Tätigkeit dient.[223]

In NRW sind die Landkreise und kreisfreien Städte als Träger des Rettungsdienstes gem. § 6 Abs. 1 S. 1 RettG NRW verpflichtet, die bedarfsgerechte und flächendeckende Versorgung der Bevölkerung mit Leistungen der Notfallrettung und des Krankentransportes sicherzustellen. Diese Aufgaben nehmen sie gem. § 6 Abs. 3 RettG NRW als Pflichtaufgaben zur Erfüllung nach Weisung wahr. Die rettungsdienstliche Tätigkeit ist einerseits Bestandteil der staatlichen Daseins- und Gesundheitsvorsorge, andererseits aber auch klassische Aufgabe der Gefahrenabwehr, insbesondere im Bereich der Notfallrettung.[224] Die Tätigkeit der Notärzte im Rettungsdienst NRW wird somit als hoheitliche Tätigkeit i.S.d. Art. 34 S. 1 GG qualifi-

---

221 Private Helfer sind Zivilpersonen, die mit einer hoheitsrechtlichen Funktion betraut sind, vgl. *Papier/Shirvani*, in: MüKo-BGB, § 839 Rn. 184 ff.; *Wöstmann*, in: Staudinger/BGB, § 839 Rn. 44 ff. m.w.N.
222 BGHZ 42, 176, 179 = NJW 1964, 1895, 1897 = VersR 1964, 735, 736; 68, 217, 218 = NJW 1977, 1238 = VersR 1977, 541 f.; 69, 128, 130 f. = NJW 1977, 1875 f. = VersR 1977, 961, 962; 108, 230, 232 = NJW 1990, 760 = MedR 1990, 37 f.; *Reinert*, in: Hau/Poseck, BGB, § 839 Rn. 15.
223 BGHZ 118, 304, 305 = NJW 1992, 2882 = VersR 1992, 1397.
224 Vgl. § 6 Abs. 1 RettG NRW; *Fehn/Lechleuthner*, MedR 2000, 114, 118 f. m.w.N.

ziert.²²⁵ Damit sind Behandlungsfehler eines (Tele)Notarztes im Rettungsdiensteinsatz nach Amtshaftungsgrundsätzen zu beurteilen.²²⁶ So treten die Rettungsdienstträger als Haftungsschuldner an die Stelle des (Tele)Notarztes. Gleiches gilt für den Fall, dass die TNA-Zentrale in einem Krankenhaus angesiedelt wird, das sich gegenüber dem Rettungsdienstträger verpflichtet hat, die notärztliche Versorgung sicherzustellen.

b. Verletzung einer drittbezogenen Amtspflicht

Die Amtspflicht muss dem Amtsträger zumindest auch und gerade dem Verletzten gegenüber obliegen.²²⁷ Bei Verstößen gegen die Pflichten eines (Tele)Notarztes im Rettungsdienst sind regelmäßig das Leben, der Körper oder die Gesundheit des Patienten betroffen, sodass dem Erfordernis der Drittbezogenheit genügt ist.

c. Innenregress und Eigenhaftung bei notärztlicher Tätigkeit

Trotz Anwendbarkeit der Amtshaftungsgrundsätze kann ein Notarzt unter bestimmten Voraussetzungen selbst in Anspruch genommen werden, allerdings nicht vom Patienten, sondern vom Rettungsdienstträger. Diesem kann gegen den pflichtwidrig handelnden Amtsträger ein Regressanspruch zustehen.²²⁸ Anspruchsgrundlage hierfür ist im Rettungsdienst regelmäßig § 280 Abs. 1 BGB wegen Verletzung des öffentlich-rechtlichen Vertrages

---

225 Vgl. BGH NJW 1991, 2954 = MedR 1991, 257; OLG Hamm GesR 2006, 273; *Papier/Shirvani*, in: MüKo-BGB, § 839 Rn. 216 m.w.N.; *Mayen*, in: Erman, BGB, § 839 Rn. 43, 47; *Sprau*, in: Palandt, BGB, § 839 Rn. 134 i.V.m. Rn. 11 ff.; *Killinger*, Die Besonderheiten der Arzthaftung im medizinischen Notfall, S. 176; *Shirvani*, NVwZ 2010, 283, 285 m.w.N.; *Winter*, ZMGR 2019, 191, 196.
226 Vgl. BGHZ 153, 268 = NJW 2003, 1184 = MedR 2003, 455 unter Aufgabe der vorherigen Rspr., wonach die Tätigkeit eines Notarztes selbst dann als privatrechtlich qualifiziert wurde, wenn der Rettungsdienst in dem entspr. Bundesland öffentlich-rechtlich organisiert war.
227 BGHZ 56, 40, 45 f. = NJW 1971, 1172, 1174 = VersR 1971, 672, 673; 109, 163, 167 f. = NJW 1990, 836, 837 = VersR 1990, 89, 90; 117, 240, 244 f. = NJW 1992, 3229, 3230 = VersR 1992, 1092, 1093; 122, 317, 321 = NJW 1993, 2303, 2304 = VersR 1993, 966, 967; *Papier/Shirvani*, in: MüKo-BGB, § 839 Rn. 284 m.w.N.; *Teichmann*, in: Jauernig, BGB, § 839 Rn. 12.
228 Vgl. *Staudinger*, in: HK-BGB, § 839 Rn. 27; *Detterbeck*, in: Sachs (Hrsg.), GG, Art. 34 Rn. 81.

zwischen der Körperschaft und der privaten Organisation, die mit der Durchführung der öffentlichen Aufgabe betraut wurde.[229] Jedoch kann Rückgriff nur im Falle einer vorsätzlichen[230] oder grob fahrlässigen Amtspflichtverletzung[231] genommen werden.[232] Die Rückgriffsbeschränkung des Art. 34 S. 2 GG gilt auch für die Ausübung einer öffentlich-rechtlichen Tätigkeit im Rettungsdienst durch als Verwaltungshelfer herangezogene selbständige niedergelassene Ärzte oder private Unternehmer, da diese besonders schutzbedürftig sind,[233] darüber hinaus für freiwillige Hilfsorganisationen und private Anbieter, welche die Durchführung rettungsdienstlicher Aufgaben übernehmen.[234]

3. Rechtliche Stellung des Telenotarztes

a. Rechtliche Stellung im Verhältnis zum Patienten

Da bei der Implementierung des Telenotarzt-Systems in NRW die Ansiedlung der TNA-Zentrale beim Rettungsdienstträger vorgesehen ist, kommt eine persönliche Inanspruchnahme des Telenotarztes – wie auch die Inanspruchnahme des Notarztes vor Ort – nicht in Betracht. Eventuelle Schadensersatzansprüche des geschädigten Patienten werden im Wege der Amtshaftung nach § 839 BGB i.V.m. Art. 34 S. 1 GG auf die Körperschaft übergeleitet, in deren Dienst der Telenotarzt steht, sodass im Außenverhältnis zum Patienten allein der Rettungsdienstträger haftet.

---

229 *Killinger*, Die Besonderheiten der Arzthaftung im medizinischen Notfall, S. 187 m.w.N.
230 Dazu BGHZ 34, 375, 381 = NJW 1961, 1157, 1159 = VersR 1961, 471.
231 Vgl. dazu BGHZ 89, 153, 161 = NJW 1984, 789, 790 f. = VersR 1984, 281, 283.
232 Vgl. *Papier/Shirvani*, in: MüKo-BGB, § 839 Rn. 431 ff. m.w.N.; *Wieland*, in Dreier/GG, Art. 34 Rn. 61.
233 BGH NJW 1991, 2954 = MedR 1991, 257; *Vinke*, in: Soergel, BGB, § 839 Rn. 256; *Muthers*, in: NK-BGB, § 839 Rn. 331; *Wieland*, in: Dreier/GG, Art. 34 Rn. 62; *Bender*, Staatshaftungsrecht Rn. 279; a.A. *Stelkens*, JZ 2004, 656, 660 f.
234 Der Staat ist durch die Verfassung jedoch nicht zum Rückgriff gezwungen, sondern kann – mit Blick auf seine Fürsorgepflicht – darauf auch verzichten; vgl. dazu *Wieland*, in Dreier/GG, Art. 34 Rn. 61 m.w.N.

b. Rechtliche Stellung im Verhältnis zum Notarzt vor Ort

Das Tätigkeitsfeld des Telenotarztes ist grundsätzlich dem eines Konsiliararztes vergleichbar, dessen Handeln sich auf die Durchführung derjenigen Untersuchungen beschränkt, die für die persönliche Meinungsbildung des Primärbehandlers und dessen darauf aufbauendes diagnostisches und therapeutisches Votum notwendig sind.[235] Aus diesen Gründen muss die Letztentscheidungskompetenz stets bei dem Notarzt vor Ort verbleiben.[236]

Deliktsrechtlich haftet der Telenotarzt selbständig für Schäden, die ihre Ursachen in einem von ihm verschuldet fehlerhaften Konsilium haben.[237] Fehler des Telenotarztes können dem Notarzt vor Ort nicht zugerechnet werden, da die Telenotärzte eigene Pflichten erfüllen, nicht etwa die der Kollegen vor Ort. Aufgrund ihrer eigenen Verpflichtung und mangels Weisungsabhängigkeit sind die Telenotärzte nicht von den Notärzten vor Ort zu einer Behandlung als ihre Verrichtungsgehilfen bestellt. Die Ratschläge des hinzugezogenen Arztes entbinden den behandelnden Arzt im Übrigen zwar prinzipiell nicht von der Pflicht zur eigenverantwortlichen medizinischen Prüfung der einzuleitenden Maßnahmen. Nach der sog. horizontalen Arbeitsteilung hat jedoch jeder Arzt den Gefahren zu begegnen, die in seinem Aufgabenbereich entstehen. Damit darf sich der Notarzt vor Ort, solange bei der Beratung durch den konsiliarisch tätigen Telenotarzt keine offensichtlichen Qualifikationsmängel oder Fehlleistungen zu erkennen sind, darauf verlassen, dass dieser seine Aufgaben mit der gebotenen Sorgfalt erfüllt.[238] Der Notarzt vor Ort darf auf das Fachwissen und die besondere Erfahrung des Telenotarztes insbesondere dann vertrauen, wenn der Telenotarzt bei einem Notfall seiner speziellen Fachrichtung (z.B. Intensivmedizin) den Kollegen vor Ort unterstützt, der über eine andere Fachqualifikation verfügt (z.B. Pädiatrie). Aber auch wenn beide Ärzte das gleiche Fachwissen nachweisen können, ist von einem gewissen Wissensvorsprung des Telemediziners aufgrund seiner Zugriffsmöglichkeit auf

---

235 *Hanika*, in: Rieger/Dahm/Katzenmeier/Stellpflug/Ziegler (Hrsg.), HK-AKM, Telemedizin, Nr. 5070 Rn. 86 ff.
236 Vgl. *Katzenmeier/Schrag-Slavu*, Rechtsfragen des Einsatzes der Telemedizin im Rettungsdienst, S. 79 f.
237 Ausführlich hierzu *Katzenmeier/Schrag-Slavu*, Rechtsfragen des Einsatzes der Telemedizin im Rettungsdienst, S. 79 ff. m.w.N.
238 Vgl. OLG Hamm MedR 1999, 35; OLG Köln VersR 1993, 1157; *Ulsenheimer/Erlinger*, in: Dierks/Feussner/Wienke (Hrsg.), Rechtsfragen der Telemedizin, S. 67, 72; *Deutsch*, VersR 2007, 1323, 1324; *Ulsenheimer/Heinemann*, MedR 1999, 197, 199; *Häser*, Der Klinikarzt 2008, 340 f.

Teil 3. Haftungsrechtliche Fragestellungen

spezielle Behandlungsleitlinien, Vergiftungs-, Medikamenten- und andere Datenbanken auszugehen. Der Notarzt vor Ort kann sich in dieser Konstellation trotzdem nicht entlasten, sodass beide Ärzte als Gesamtschuldner haften.

Bei der Beurteilung der Haftung des Telenotarztes stellt sich umgekehrt auch die Frage, ob der Telenotarzt für Fehler des Notarztes vor Ort haften muss. Grundsätzlich ist diese Frage zu verneinen, da der Notarzt vor Ort genauso wenig Verrichtungsgehilfe des Telemediziners ist, wie der Telemediziner Verrichtungsgehilfe des Notarztes vor Ort sein kann. Der Telenotarzt wird wegen seines Spezialwissens eingeschaltet und „schuldet" jeweils nur seinen konsiliarischen Rat oder Befund, ohne sich dabei der Hilfe des Notarztes vor Ort zu bedienen. Fehler des Primärbehandlers werden dem Telenotarzt daher grds. nicht zugerechnet, sodass er insoweit nicht haftet.

Eine direkte deliktische Haftung des Telenotarztes kann nur dann bejaht werden, wenn dieser erkennt oder erkennen muss, dass der Notarzt vor Ort eine indizierte Maßnahme fehlerhaft oder eine nicht indizierte Maßnahme zum Nachteil des Patienten ausführt und es unterlässt, den Notarzt vor Ort auf diesen Fehler aufmerksam zu machen. Zwar begeht der Telenotarzt dadurch keinen Behandlungsfehler, sein Unterlassen ist aber kausal für den eingetretenen Gesundheitsschaden des Patienten. Darüber hinaus ist für offensichtliche Fehler des Primärbehandlers eine Haftung des Telenotarztes im Innenverhältnis für seine eigene primäre Sorgfaltspflichtverletzung möglich, da er die ihm vorgelegten Befunde oder Patientendaten einer gewissen Plausibilitätskontrolle unterziehen muss.[239] Der Telenotarzt ist daher stets gehalten, mit gebotener Sorgfalt zu überprüfen, ob ihm die für die Abgabe seines Rates oder Befundes notwendigen Informationen in der erforderlichen Qualität und Zeitspanne zur Verfügung stehen. Darunter ist zwar keine Kontroll- oder Überwachungspflicht des Telenotarztes im Sinne einer sekundären Sorgfaltspflicht zu verstehen, aber eine eigene Aufgabe des Telenotarztes als Teil der Behandlung des Notfallpatienten.[240]

Bei der Klärung der rechtlichen Situation des Telenotarztes im Verhältnis zum Primärbehandler stellt sich schließlich die Frage, ob der hinzuge-

---

239 Zu denken ist beispielsweise an eine Patientenverwechslung, wenn das Geschlecht oder das Alter in den mitgeteilten Patientendaten nicht mit den übermittelten Bildern übereinstimmen.
240 *Katzenmeier/Schrag-Slavu*, Rechtsfragen des Einsatzes der Telemedizin im Rettungsdienst, S. 81 ff. m.w.N.; ähnlich auch *Ulsenheimer/Erlinger*, in: Dierks/Feussner/Wienke (Hrsg.), Rechtsfragen der Telemedizin, S. 67, 75 f.

zogene Telenotarzt für die Aufklärung des Notfallpatienten zuständig ist. Grundsätzlich ist diese Frage zu verneinen. Der Telenotarzt darf sich darauf verlassen, dass der Notarzt vor Ort seinen Patienten ordnungsgemäß aufgeklärt hat und somit eine wirksame Einwilligung auch insoweit vorliegt,[241] dass der Notarzt vor Ort den Telenotarzt mittels technischer Systeme online konsultiert[242] und diese Konsultation infolge der Übertragung von Patientendaten erfolgt.[243] Dies wird patientenbezogen in der Dokumentation des Telenotarztes festgehalten.

c. Rechtliche Stellung im Verhältnis zum Notfallsanitäter

Auch im Verhältnis zum Notfallsanitäter stellt sich die Frage, ob der Telenotarzt ein Weisungsrecht hat, da dieser in der Regel nicht der diensthabende Notarzt des Notfallsanitäters sein wird, der die TNA-Zentrale einschaltet. Im Verhältnis zwischen Telenotarzt und Notfallsanitäter könnte zunächst eine beratende Stellung des Telenotarztes angenommen werden. Dann bliebe bei mangelndem Weisungsrecht des Telenotarztes die Hauptverantwortung für den Einsatzablauf beim einsatzleitenden Notfallsanitäter.

Wie bereits erörtert, können bei der Implementierung des Telenotarzt-Systems solche zeitintensiven Auseinandersetzungen in der Praxis dadurch vermieden werden, dass die Befolgung der Empfehlungen des Telenotarztes vom jeweiligen Rettungsdienstträger als Dienstanweisung ohne größeren Spielraum für das Rettungsfachpersonal vorgegeben wird.[244] Dahingehend ist im Rahmen der Implementierung des Telenotarzt-Systems sowohl eine offizielle Beauftragung der TNA-Zentrale durch den Rettungsdienstträger als auch eine Zusammenarbeit mit der Leitstelle, wenn nicht sogar die Angliederung der Zentrale an die Leitstelle beabsichtigt. Somit nehmen die Telenotärzte die Stellung als medizinische Einsatzleiter des jeweiligen Notfalleinsatzes ein, so wie dies im § 4 Abs. 3 S. 3 RettG NRW für Notärzte vorgeschrieben wird. Die Telenotärzte werden dadurch zu Fachvorgesetzten des Rettungsfachpersonals, sodass ihnen ein Weisungsrecht gegenüber den am Einsatzort anwesenden Notfallsanitätern zusteht. Den

---

241 Vgl. Teil 2 II. 6.
242 Vgl. *Katzenmeier/Schrag-Slavu*, Rechtsfragen des Einsatzes der Telemedizin im Rettungsdienst, S. 82 f. m.w.N.
243 Vgl. zu datenschutzrechtlichen Aspekten der Einwilligung Teil 5.
244 Vgl. Teil 2 II. 5.

Teil 3. Haftungsrechtliche Fragestellungen

Telenotärzten obliegt in dieser Konstellation entsprechend aber auch die rechtliche Hauptverantwortung für den Einsatzablauf.

§ 7 Abs. 3 RettG NRW bestimmt: „Der Rettungsdienst ist in medizinischen Belangen und Angelegenheiten des Qualitätsmanagements von einer Ärztlichen Leitung Rettungsdienst zu leiten und zu überwachen." Die Wahrnehmung dieser Aufgaben erfolgt durch den Rettungsdienstträger.[245] Ihn trifft folglich ebenfalls die Verantwortung dafür, dass in seinem Zuständigkeitsbereich der Rettungsdienst so organisiert wird, dass für bestimmte Situationen kein Notarzt mehr alarmiert, sondern (zumindest zunächst) grundsätzlich (eventuell nach Behandlungsalgorithmen oder Indikationskatalog) eine Beratung durch die Ärzte aus der TNA-Zentrale stattfinden wird. Für Zweifelsfälle oder Komplikationen müssen jedoch kompensierende organisatorische Vorkehrungen getroffen werden. Insbesondere muss die Möglichkeit der Entsendung eines Notarztes zur Einsatzstelle jederzeit gegeben sein.

Bezüglich der Zusammenarbeit zwischen Telenotarzt und Notfallsanitäter muss schließlich hervorgehoben werden, dass der Telenotarzt einen Wissensvorsprung gegenüber dem Notfallsanitäter haben wird. Unabhängig von seiner Stellung als ärztlicher Berater oder medizinischer Einsatzleiter muss an den Telenotarzt ein gesteigerter Sorgfaltsmaßstab angelegt werden.[246] Da es dem Notfallsanitäter aufgrund seiner geringeren fachlichen Qualifikation nicht möglich ist, die gestellte Diagnose und empfohlenen Therapiemaßnahmen des Telenotarztes auf ihre Richtigkeit hin zu überprüfen, trägt der Telenotarzt – gleich einem vor Ort anwesenden Notarzt – die Verantwortung für eine schadensursächliche fehlerhafte Anweisung des nichtärztlichen Personals.[247]

4. Besonderheiten der Zusammenarbeit zwischen Notarzt und Telenotarzt

Insbesondere den ärztlichen Berufsordnungen ist zu entnehmen, dass der behandelnde Arzt verpflichtet ist, immer dann einen Konsiliarius hinzuzu-

---

245 Ausführlich hierzu *D. Prütting*, RettG NRW, § 7 Rn. 16d ff.
246 Vgl. *Katzenmeier/Schrag-Slavu*, Rechtsfragen des Einsatzes der Telemedizin im Rettungsdienst, S. 83 f.
247 Vgl. *Katzenmeier/Schrag-Slavu*, Rechtsfragen des Einsatzes der Telemedizin im Rettungsdienst, S. 83 f. m.w.N.; vgl. auch die Ausführungen in Teil 1 III. 3. Zum Standpunkt der Rechtsprechung in ausschließlichen Fernbehandlungsfällen vgl. *Katzenmeier*, NJW 2019, 1769, 1772 m.w.N.

ziehen, wenn die Grenzen seines Fachbereichs oder seiner persönlichen Fähigkeiten erreicht werden oder die eigenen sachlichen Mittel zur notwendigen Patientenversorgung nicht mehr ausreichen.[248] Überschreitet der behandelnde Arzt diese Grenzen, ohne einen Konsiliarius hinzuzuziehen, und erleidet der Patient dadurch einen Schaden, kann dies nicht nur zu einer zivilrechtlichen, sondern auch zu einer strafrechtlichen Verantwortung des Arztes wegen Übernahmeverschuldens führen. Bereits in der Übernahme einer Tätigkeit, zu deren ordnungsgemäßer Durchführung dem Handelnden die notwendige fachliche Kompetenz fehlt, liegt eine Sorgfaltswidrigkeit, die zum Ersatz adäquat kausalen Schadens verpflichtet. Ein Übernahmeverschulden kann auch dadurch begründet werden, dass ein Berufsanfänger, wie dies unter Umständen in der präklinischen Notfallmedizin der Fall sein kann, eine Behandlung übernimmt, der er fachlich oder persönlich (noch) nicht gewachsen ist.[249] Denn die Übernahme einer medizinischen Maßnahme, die der Notarzt vor Ort nicht beherrscht, ist auch dann unzulässig, wenn diese von einem Telemediziner indiziert oder befürwortet wird. Bei dieser Einsatzmöglichkeit des Telenotarzt-Systems ist die Teilnahme der Ärzte aus der TNA-Zentrale nur als Unterstützung, als eine sog. additive Beratung des Notarztes vor Ort anzusehen, bei voller (ggf. gesamtschuldnerischer) Verantwortlichkeit des Arztes vor Ort.

Die Anwendung des Telenotarzt-Systems hat auch Auswirkungen auf die Beweissituation der beteiligten Ärzte in einem eventuellen Arzthaftungsprozess. Besonders hinzuweisen ist auf den Fall, in dem der Notarzt vor Ort eine richtige Empfehlung des Telenotarztes schuldhaft missachtet und eine andere, nicht indizierte oder nicht standardgerechte Maßnahme durchführt, wodurch der Notfallpatient einen Schaden erleidet. Seine Beweissituation wird insbesondere dadurch erschwert, dass der Telenotarzt die sachgerechte Maßnahme trotz Abwesenheit vom Notfallort erkannt und empfohlen hat. Darüber hinaus dürfte der Telenotarzt beweisen können, dass er nicht zuletzt zur Absicherung seiner eigenen Rechtsstellung seinen Kollegen vor Ort auf die Fehlerhaftigkeit dessen Handelns hingewiesen hat.[250] Zu Gunsten des Notarztes vor Ort würden u.U. die näheren

---

248 Vgl. § 7 Abs. 3 MBO-Ä; *J. Prütting*, in: Ratzel/Lippert/J. Prütting, MBO-Ä, § 7 Rn. 23 ff.; s. auch BGH NJW-RR 2014, 1051, 1053 Rn. 27; *Kern/Rehborn*, in: Laufs/Kern/Rehborn, Handbuch des Arztrechts, § 44 Rn. 19 f. u. § 96 Rn. 31 ff.
249 *Ulsenheimer*, in: Laufs/Kern/Rehborn, Handbuch des Arztrechts, § 149 Rn. 50.
250 Ähnlich BGH NJW 1989, 1536, 1538; *Ulsenheimer/Erlinger*, in: Dierks/Feussner/Wienke (Hrsg.), Rechtsfragen der Telemedizin, S. 67, 75 f.

Bedingungen der Einsatzsituation sprechen, wie z.B. Zeitpunkt des Einsatzes, Anzahl der Verletzten, Schweregrad der Verletzungen sowie die zur Verfügung stehenden Rettungsmittel und Mitarbeiter.

Bei Ansiedlung der TNA-Zentrale beim Träger des Rettungsdienstes NRW[251] haftet dieser alleine für notärztliche Fehler nach den Grundsätzen der Amtshaftung gem. § 839 Abs. 1 S. 1 BGB i.V.m. Art. 34 S. 1 GG. Dies gilt auch für den Fall, dass die TNA-Zentrale in einem Krankenhaus angesiedelt wird, das sich gegenüber dem Rettungsdienstträger verpflichtet, die notärztliche Versorgung sicherzustellen. Das Krankenhaus bündelt in dieser Situation die Pflichten seiner Angestellten, um seinen Vertrag mit dem Rettungsdienstträger zu erfüllen, der wiederum für notärztliche Fehler haftet. Eine offizielle Beauftragung der TNA-Zentrale durch den Träger des Rettungsdienstes ist daher zu empfehlen. Wer konkret welche Pflichten im Einzelfall einzuhalten hat, hängt letztendlich von der organisatorischen und vertraglichen Einbindung der TNA-Zentrale in den rettungsdienstlichen Betrieb ab.

III. Haftung des Notfallsanitäters

1. Einschlägiges Haftungsregime für den Notfallsanitäter

Eine vertragliche Haftung des Notfallsanitäters auf Schadensersatz scheidet bereits deshalb aus, weil er selbst weder einen Behandlungs- noch einen Transportvertrag mit dem Notfallpatienten abschließt. Der Notfallsanitäter agiert lediglich als Erfüllungsgehilfe der Institution (Feuerwehr, Rettungsdienstunternehmen oder Hilfsorganisation), die sich dem Rettungsdienstträger gegenüber zur Durchführung des Rettungsdienstes verpflichtet hat. Durch den Einsatz der Telemedizin im Rettungsdienst ändert sich – auch nach der jüngst beschlossenen Änderung des NotSanG – nichts an

---

251 Der Telenotarzt-Dienst ist im Rettungsdienstbedarfsplan der Stadt Aachen seit 2014 integriert und somit Bestandteil der öffentlichen Daseinsfürsorge in Ergänzung zum bundesweit üblichen Notarztdienst. Der Telenotarzt-Arbeitsplatz befindet sich auf der Hauptfeuerwehrwache und ist angegliedert an die Leitstelle der StädteRegion Aachen. Ausführliche Informationen sind abrufbar unter https://www.ukaachen.de/kliniken-institute/klinik-fuer-anaesthesiologie/klinik/notfallmedizin/telenotarztdienst-im-rettungsdienst-stadt-aachen.

der bisherigen Position des Rettungsfachpersonals.[252] Bei der Frage, ob ein bestimmtes Verhalten des eingeschalteten nichtärztlichen Mitarbeiters als Ausübung eines öffentlichen Amtes angesehen werden kann, ist darauf abzustellen, ob die Tätigkeit der Hilfsperson unmittelbar in den hoheitlichen Aufgabenbereich der haftenden Körperschaft fällt.[253] Sofern der Rettungsdienst von staatlichen Organen durchgeführt wird, z.B. durch die Beamten einer Berufsfeuerwehr, wie dies zum Teil in Nordrhein-Westfalen der Fall ist, kann davon ausgegangen werden, dass die Rettungsdienstmitarbeiter ein öffentliches Amt ausüben.

Nach § 13 RettG NRW können auch anerkannte Hilfsorganisationen oder andere Leistungserbringer durch öffentlich-rechtlichen Vertrag an der Durchführung des Rettungsdienstes beteiligt werden.[254] Hier gilt es zu klären, ob deren Tätigkeit zugleich als Ausübung eines öffentlichen Amtes zu klassifizieren ist.[255]

Wie bereits festgehalten, kommt es bei der Anwendung der Amtshaftungsgrundsätze nicht darauf an, in welcher Rechtsform die beteiligten Organisationen oder privaten Unternehmen tätig werden, sondern darauf, welchem Funktionskreis sie zugeordnet werden.[256] Die Einbindung als Verwaltungshelfer bedeutet, dass die Organisationen und Verbände den Vorgaben der rettungsdienstlichen Aufgabenträger hinsichtlich ihrer personellen und sachlichen Ressourcen unterstellt sind und den Dispositionen der Leitstelle zu folgen haben.[257]

Die Zuordnung der Tätigkeit Privater im Rettungsdienst zum staatlichen Funktionskreis erscheint sachgerecht. Der Staat soll sich nicht durch die Einschaltung Privater der primär übernommenen Verantwortung (hier: Rettungswesen als integrierter Teil des staatlichen Systems zur Daseinsvorsorge und Gefahrenabwehr) entziehen können. Es kann daher davon ausgegangen werden, dass Private, die am öffentlichen Rettungsdienst mitwirken, als Amtsträger i.S.d. Art. 34 GG zu qualifizieren sind. Ein sol-

---

252 Eingehend zur Haftung des Rettungsassistenten und -sanitäters *Katzenmeier/Schrag-Slavu*, Rechtsfragen des Einsatzes der Telemedizin im Rettungsdienst, S. 92 ff.
253 BGHZ 39, 358 = NJW 1963, 1821 = VersR 1963, 973; 49, 108 = NJW 1968, 443; 108, 230 = NJW 1990, 760 = MedR 1990, 37.
254 Ausführlich hierzu *D. Prütting*, RettG NRW, § 13 Rn. 4 ff.
255 BGHZ 153, 268 = NJW 2003, 1184 = MedR 2003, 455; ausführlich dazu *Wöstmann*, in: Staudinger/BGB, § 839 Rn. 100 ff.; zur Amtshaftung im Rettungsdienst *Wöstmann*, in: Staudinger/BGB, § 839 Rn. 624 m.w.N.
256 Vgl. *D. Prütting*, RettG NRW, § 13 Rn. 7 ff.
257 *D. Prütting*, RettG NRW, § 13 Rn. 5 u. § 17 Rn. 6 u. 61.

ches Vorgehen verschafft nicht nur den ehrenamtlichen Hilfsorganisationen das benötigte Haftungsprivileg, sondern entspricht auch der einflussreichen Stellung, welche der Staat im gesamten öffentlichen Rettungsdienst für sich beansprucht.[258] Dabei ist darauf hinzuweisen, dass nur diejenigen privaten Leistungsanbieter ein öffentliches Amt i.S.d. Art. 34 GG bekleiden, die innerhalb der staatlichen Sicherstellungsverpflichtung – und somit auch innerhalb des öffentlichen Rettungsdienstes – tätig werden.

2. Rückgriffsmöglichkeiten

Das RettG NRW regelt im Einzelnen u.a. die Trägerschaft im öffentlichen Rettungsdienst sowie die Organisation und Durchführung der rettungsdienstlichen Aufgaben. Wird der Rettungsdienst von der Berufsfeuerwehr durchgeführt, kommen in der Regel Beamte zum Einsatz, sodass ihre rechtliche Stellung sich nach dem Landesbeamtengesetz NRW richtet.[259] In dieser Konstellation finden die Grundsätze der Amtshaftung auch bezüglich der Rückgriffsmöglichkeiten Anwendung, sodass der Träger des Rettungsdienstes den für den Schaden verantwortlichen Amtsträger gem. Art. 34 S. 2 GG bei Vorsatz oder grober Fahrlässigkeit in Regress nehmen kann.[260]

Dies gilt überdies für die freiwilligen Hilfsorganisationen und privaten Anbieter, welche die Durchführung rettungsdienstlicher Aufgaben übernehmen. Der gegenüber dem Patienten im Außenverhältnis haftende Rettungsdienstträger kann sich folglich im Innenverhältnis an den für den Schaden verantwortlichen Amtsträger (etwa die Anstellungskörperschaft oder deren Angestellten) halten und diesen in Regress nehmen.[261]

---

258 BGHZ 118, 304, 306 f. = NJW 1992, 2882 f. = DVBl. 1993, 1084 f. m. Anm. *Lüdemann/Windthorst*; BGHZ 152, 380 = NJW 2003, 348 = VersR 2003, 1036; *D. Prütting*, RettG NRW, § 17 Rn. 16 u. 61.
259 Vgl. § 117 Landesbeamtengesetz NRW v. 21.4.2009, GV. NRW. 2009 S. 224.
260 Vgl. Ausführungen in Teil 3 II. 2. c.
261 Eingehend hierzu *Katzenmeier/Schrag-Slavu*, Rechtsfragen des Einsatzes der Telemedizin im Rettungsdienst, S. 96 f.

IV. Haftung für Organisations- und Kommunikationsfehler

Schließlich kommt eine Haftung des Rettungsdienstträgers wegen Organisationspflichtverletzung in Betracht. Organisationsfehler sind Verletzungen der haftungsrechtlichen Pflicht zur guten Organisation medizinischer Behandlungsabläufe in Behandlungsinstitutionen durch die Organisation selbst sowie durch Organisationsverantwortliche.[262]

Im Rettungsdienst können Gefahren für die Notfallpatienten insbesondere aus mangelnder Qualifikation des eingesetzten Personals sowie aus unzulänglicher Kommunikation und Koordination der Beteiligten entstehen. Den Rettungsdienstträger trifft die allgemeine Verkehrspflicht, den gesamten Ablauf der Betriebsvorgänge durch geeignete organisatorische Vorkehrungen so einzurichten und zu überwachen, dass Dritte nicht geschädigt werden.[263] Bei der Verletzung der Organisationspflicht ist der Anknüpfungspunkt für das Verschulden nicht ein Verhalten in der Notfallsituation, sondern ein Verhalten, das dieser vorausgeht und sie möglicherweise sogar mitverursacht oder gefördert hat. An die Organisationspflichten in Bezug auf den medizinischen Notfall sind daher hohe Anforderungen zu stellen.[264]

Beim Einsatz der Telemedizin im Rettungsdienst treffen den Träger weitere Organisationspflichten, insbesondere hinsichtlich der Beschaffung und Wartung der notwendigen Geräte und Software-Programme sowie der Personalschulung.[265] Um dem Vorwurf der Organisationspflichtverletzung zu entgehen, hat der Rettungsdienstträger sowohl die Qualifikation der eigenen Mitarbeiter sowie die Beschaffenheit und Einsatztauglichkeit der Betriebsmittel, z.B. der Rettungsdienstfahrzeuge, fortwährend zu überprüfen, als auch den gesamten Ablauf der Betriebsvorgänge durch geeignete organisatorische Vorkehrungen, z.B. durch Dienstanweisungen, so zu organi-

---

262 *Kern/Rehborn*, in: Laufs/Kern/Rehborn, Handbuch des Arztrechts, § 100 Rn. 1; *Katzenmeier*, ZaeFQ 2007, 531 ff.; ausführlich zu dieser Thematik *Brandes*, Die Haftung für Organisationspflichtverletzung, 1994; s. auch *Brüggemeier*, Haftungsrecht, S. 516 ff., allg. S. 127 ff.; *Frahm/Walter*, Arzthaftungsrecht, Rn. 210 ff.
263 *Hart*, MedR 2012, 1, 6; *ders.*, MedR 2019, 509, 514 ff.; *Katzenmeier*, in: NK-BGB, § 840 Rn. 8.
264 *Killinger*, Die Besonderheiten der Arzthaftung im medizinischen Notfall, S. 258 ff. m.w.N.
265 *Katzenmeier/Schrag-Slavu*, Rechtsfragen des Einsatzes der Telemedizin im Rettungsdienst, S. 99.

sieren und zu überwachen, dass Drittschäden vermieden werden.[266] In diesem organisatorischen Bereich, in dem es um die Vermeidung voll beherrschbarer Risiken geht, fordert die Rechtsprechung vom Organisationsverantwortlichen die Gewährleistung einer sachgemäßen und für den Patienten gefahrlosen Behandlung und bürdet die Beweislast regelmäßig der Behandlungsseite auf.[267]

Im Schadensfall muss der beklagte Rettungsdienstträger den Beweis erbringen, dass ihm bei der Gestaltung betrieblicher Abläufe und bei der Personalauswahl kein Verschuldensvorwurf gemacht werden kann oder ein unterlaufener Fehler für den eingetretenen Schaden des Patienten jedenfalls nicht ursächlich war. Damit gewinnt die Durchführung regelmäßiger Mitarbeiterschulungen, Fortbildungsveranstaltungen und Qualitätskontrollen nicht nur im Interesse einer qualitativ hochwertigen Patientenversorgung, sondern auch aus haftungsrechtlicher Sicht erheblich an Bedeutung.

Mit dem Telenotarzt-System können die Ärzte aus der TNA-Zentrale die aufnehmende Klinik über den Zustand des Patienten vor dessen Ankunft ausführlich informieren. Dadurch kann wertvolle Zeit in die anschließende Behandlung des Patienten investiert werden, die derzeit teilweise mit den Aufnahmeformalitäten vergeht. Durch die Erreichbarkeit der Notärzte unabhängig von deren Standort mit Hilfe telemedizinischer Anwendungen könnte weiterhin dem zunehmenden Notarztmangel begegnet und zugleich sichergestellt werden, dass dem Notfallpatienten unverzüglich ärztliche Hilfe zukommt. Sollten sich mehrere Träger an dem Einsatz telemedizinischer Anwendungen beteiligen, etwa ein Rettungsdienstträger und der Träger des Krankenhauses, in dem die TNA-Zentrale angesiedelt ist, dann müssen die beteiligten Träger entsprechende Absprachen bezüglich der erwähnten Organisationspflichten treffen. Da Organisationspflichten dem medizinischen Notfall zeitlich vorgelagert sind, spielen hierbei die Sachverhaltsbesonderheiten des medizinischen Notfalls, die oftmals Abstriche von dem allgemein geforderten Facharztstandard zulassen, keine

---

266 BGHZ 95, 63, 71 ff. = NJW 1985, 2189, 2191 ff. = MedR 1986, 137, 140 f.; 121, 107, 112 = NJW 1993, 779, 780 = MedR 1993, 191, 192 f.; *Katzenmeier*, Arzthaftung, S. 135 f. m.w.N.
267 BGHZ 89, 263, 269 = NJW 1984, 1400, 1401 = MedR 1984, 143, 144; BGH NJW 1991, 1541; OLG Köln VersR 1991, 695; OLG Hamm VersR 1998, 1243; *Katzenmeier*, Arzthaftung, S. 485 f. m.w.N.

Rolle.[268] Um eine einheitliche Regelung zu erreichen und Konkurrenzsituationen zwischen verschiedenen Krankenhausträgern zu vermeiden, wird daher empfohlen, dass die Verantwortung für die sachgerechte Organisation des Rettungsdienstes bei dem jeweiligen Rettungsdienstträger verbleibt. Denn durch die Beibehaltung dieses Bereichs in öffentlicher Hand könnte ein einheitlicher Standard im Rettungsdienst des Landes NRW geschaffen werden. Vor diesem Hintergrund sind u.a. folgende Organisationspflichten des Rettungsdienstträgers denkbar: Erstellung eines Telenotarzt-Indikationskatalogs i.S. einer Dienstanweisung, anhand dessen dem Leitstellendisponenten und dem nichtärztlichen Personal vor Ort vorgegeben wird, wann die TNA-Zentrale einzuschalten ist; Erstellung eines Notarzt-Indikationskatalogs i.S. einer Dienstanweisung, anhand dessen der Leitstellendisponent klare Vorgaben erhält, wann ein Notarzt trotz verfügbaren Telenotarztes nach wie vor zur Einsatzstelle entsendet werden muss; verbindliche Regelung zur Rechtsstellung des Telenotarztes gegenüber der Leitstelle und dem vor Ort anwesenden Personal.[269]

Für Fehler bei der Datenübermittlung haftet ebenfalls die Behandlungsseite. Um ein Organisationsverschulden zu vermeiden, müssen sich der Zuständige für die Organisation des Rettungsdienstes (in der Regel der ÄLRD) oder der telemedizinisch tätige Notarzt versichern, dass die eingesetzten Geräte und EDV-Lösungen ordnungsgemäß funktionieren, nach dem gegenwärtigen Stand der Technik gewartet werden und diese Wartung dokumentiert wird. Wenn diese Kontrolle unterlassen wird oder diese Kontrolltätigkeit nicht nachgewiesen werden kann und es durch den Einsatz entsprechend fehlerhafter telemedizinischer Systeme zu Gesundheitsschäden des Notfallpatienten kommt, ist in der Regel von einer Sorgfaltspflichtverletzung auszugehen. Falls es sich um vom Anwender unvermeidbare Störungen, insb. Softwarefehler handelt, fallen diese in den Zuständigkeitsbereich der IT-Experten. Hier entstehen Ansprüche gegen den Hersteller der telemedizinischen Systeme nach den Regeln der Produkt- und Produzentenhaftung.[270]

---

268 *Greiner*, in: Spickhoff (Hrsg.), Medizinrecht, §§ 823-839 BGB Rn. 28 m.w.N.; *Killinger*, Die Besonderheiten der Arzthaftung im medizinischen Notfall, S. 57 ff.; *Siglmüller*, Rechtsfragen der Fernbehandlung, S. 168 f.
269 *Katzenmeier/Schrag-Slavu*, Rechtsfragen des Einsatzes der Telemedizin im Rettungsdienst, S. 99 ff. m.w.N.; s. auch *Fehn*, MedR 2014, 543, 551.
270 Vgl. *Katzenmeier/Voigt*, ProdHaftG, § 2 Rn. 16 ff. m.w.N.; *Katzenmeier/Schrag-Slavu*, Rechtsfragen des Einsatzes der Telemedizin im Rettungsdienst, S. 101 m.w.N.; vgl. auch die Ausführungen in Teil 4 IV.

Teil 4. Medizinproduktrechtliche Beurteilung des Telenotarzt-Systems

Die Zahl der Medizinprodukte steigt angesichts des medizintechnischen Fortschritts kontinuierlich an. Damit verbunden ist eine zunehmende Regulierung aus Gründen des Gesundheitsschutzes sowohl auf nationaler als auch auf europäischer Ebene. Das Medizinprodukterecht ist ein Rechtsgebiet, in dem die Europäisierung weit vorangeschritten ist.[271] So dient das deutsche MPG[272] der Umsetzung mehrerer EU-Richtlinien.[273] Zur Vollharmonisierung des europäischen Medizinprodukterechts wurde schließlich die Verordnung 2017/745/EU „Medical Device Regulation" (MDR)[274] erlassen, die am 25.5.2017 in Kraft trat und ab dem 26.5.2021 unmittelbar anwendbar ist. Das MPG verliert seine Anwendbarkeit, indem es ab dem 26.5.2021 schrittweise durch das Gesetz zur Durchführung unionsrechtlicher Vorschriften betreffend Medizinprodukte (Medizinprodukte-Durchführungsgesetz – MPDG) ersetzt wird.[275]

---

[271] Dazu *Rehmann*, in: Rehmann/Wagner, MPG, Einführung Rn. 1 f.
[272] Gesetz über Medizinprodukte (Medizinproduktegesetz – MPG) i.d.F. der Bekanntmachung v. 7.8.2002, BGBl. I, S. 3147, zuletzt geändert durch Art. 223 Elfte Zuständigkeitsanpassungsverordnung v. 19.6.2020, BGBl. I, S. 1328; zur Entstehungsgeschichte vgl. *Jäkel*, in: Rieger/Dahm/Katzenmeier/Stellpflug/Ziegler (Hrsg.), HK-AKM, Medizinprodukterecht, Nr. 3590 Rn. 1 ff.
[273] Vgl. RL 90/385/EWG des Rates v. 20.6.1990 zur Angleichung der Rechtsvorschriften der Mitgliedstaaten über aktive implantierbare medizinische Geräte, ABl. EG 1990 L 189, S. 17, zuletzt geändert durch Art. 1 der RL 2007/47/EG, ABl. EU 2007 L 247, S. 21; RL 98/79/EG des Europäischen Parlaments und des Rates v. 27.10.1998 über In-vitro-Diagnostika, ABl. EG 1998 L 331, S. 1, zuletzt geändert durch Art. 1 der RL 2011/100/EU, ABl. EU 2011 L 341, S. 50; RL 93/42/EWG des Rates v. 14.6.1999 über Medizinprodukte, ABl. EG 1993 L 169, S. 1, zuletzt geändert durch Art. 2 der RL 2007/47/EG, ABl. EU 2007 L 247, S. 21.
[274] Verordnung 2017/745/EU v. 5.4.2017, ABl. EU 2017 L 117, S. 1, zuletzt geändert durch Art. 1 Verordnung 2020/561/EU v. 23.4.2020, ABl. L 130, S. 18.
[275] Gesetz zur Anpassung des Medizinprodukterechts an die Verordnung (EU) 2017/745 und die Verordnung (EU) 2017/746 (Medizinprodukte-EU-Anpassungsgesetz – MPEU-AnpG) v. 28.4.2020, BGBl. I, S. 960 ff. Ursprünglich sollte das MPDG parallel zum Geltungsbeginn der MDR am 26.5.2020 in Kraft treten. Mit dem Zweiten Gesetz zum Schutz der Bevölkerung bei einer epidemischen

Mit dem Telenotarzt-System wird eine verbesserte Kommunikation zwischen den am Rettungsdienst Beteiligten (Rettungsleitstelle, Rettungsdienstpersonal, (Tele)Notarzt und Krankenhaus) ermöglicht. Bei der Implementierung des Telenotarzt-Systems stellt sich die Frage, ob und unter welchen Voraussetzungen das System in den Anwendungsbereich des Medizinprodukterechts fällt und welche Anforderungen in diesem Zusammenhang zu beachten sind.

I. Ziel des Medizinprodukterechts

Das MPG statuiert Qualitäts- und Sicherheitsanforderungen, um für die Sicherheit, Eignung und Leistung der Medizinprodukte sowie die Gesundheit und den erforderlichen Schutz der Patienten, Anwender und Dritter zu sorgen, § 1 MPG.[276] Der Hersteller eines Medizinproduktes darf dieses gemäß § 6 Abs. 1 MPG (künftig Art. 20 MDR) in der Europäischen Union nur in den Verkehr bringen, wenn in einem Konformitätsbewertungsverfahren die Einhaltung der Anforderungen des Medizinprodukterechts belegt und das Produkt zur Bestätigung der Konformität mit einer CE-Kennzeichnung versehen wurde.[277] Zur Gewährleistung der Produktsicherheit nach dem Inverkehrbringen enthält das Medizinprodukterecht ein entsprechendes Überwachungs- und Meldesystem.[278]

Lage von nationaler Tragweite v. 22.5.2020, BGBl. I, S. 1018 ff. wurde das Inkrafttreten auf den 26.5.2021 verschoben.
276 *Rehmann*, in: Rehmann/Wagner, MPG, § 1 Rn. 1; *Lippert*, in: Deutsch/Lippert/Ratzel/Tag/Gassner, MPG, § 1 Rn. 2; *Kage*, Das Medizinproduktegesetz, S. 19 ff. m.w.N.
277 *v. Czettritz/Strelow*, in: Meier/v. Czettritz/Gabriel/Kaufmann, Pharmarecht, 3. Teil, § 5 Rn. 78; *Jäkel*, in: Rieger/Dahm/Katzenmeier/Stellpflug/Ziegler (Hrsg.), HK-AKM, Medizinprodukterecht, Nr. 3590 Rn. 34 ff.; in Bezug auf die MDR *Friedrich*, in: Clausen/Schroeder-Printzen (Hrsg.), MAH MedR, § 17 Rn. 296 ff.
278 Das Medizinprodukterecht enthält Überwachungspflichten des Herstellers für bereits auf dem Markt befindliche Produkte (Medizinprodukteüberwachung), ein Meldesystem (sog. Vigilanz-System) und Regelungen zur behördlichen Marktüberwachung. Näher dazu *Rehmann*, in: Rehmann/Wagner, MPG, Einführung Rn. 68; *Stößlein*, in: Anhalt/Dieners, Hdb. MPR, § 10.

II. Einordnung als Medizinprodukt

Um den regulatorischen Anforderungen des Medizinprodukterechts zu unterfallen, muss es sich bei dem Telenotarzt-System um ein Medizinprodukt handeln. Der in § 3 Nr. 1 MPG (künftig Art. 2 Nr. 1 MDR) legaldefinierte Begriff des Medizinproduktes bestimmt den sachlichen Anwendungsbereich des Medizinprodukterechts. Die Legaldefinition setzt sich aus drei Tatbestandsmerkmalen zusammen: einer physiologischen Komponente, der medizinischen Zweckbestimmung und dem Wirkungsmechanismus.[279] Ein in der physiologischen Komponente genannter Gegenstand ist ein Medizinprodukt, wenn er auf einen in § 3 Nr. 1 MPG (künftig Art. 2 Nr. 1 MDR) genannten medizinischen Zweck ausgerichtet ist und die Wirkung weder durch pharmakologische oder immunologische Mittel noch metabolisch erreicht wird.

Auch Software wird in der physiologischen Definitionskomponente ausdrücklich genannt und kann somit als eigenständiges Medizinprodukt in den Anwendungsbereich des MPG (und der MDR) fallen.[280] Voraussetzung dafür ist, dass sie einen medizinischen Zweck verfolgt. Dies ist etwa der Fall, wenn die Software spezifische diagnostische oder therapeutische Funktionen umsetzt, wie es z.B. bei Bildauswertungs- und Therapieauswertungsprogrammen der Fall ist. Dient die Software hingegen allgemeinen Zwecken, wie z.B. Software zur Textverarbeitung oder Tabellenkalkulation, ist sie auch dann kein Medizinprodukt, wenn sie im medizinischen Bereich eingesetzt wird.[281]

Beim Einsatz des Telenotarzt-Systems werden einsatz- und patientenbezogene Daten wie z.B. EKG, Vitalparameter oder Videosequenzen und Bildmaterial sowie Auskultationsbefunde in Echtzeit zwischen dem vor Ort tätigen ärztlichen sowie nichtärztlichen Rettungsdienstpersonal und den Telenotärzten übertragen. In der TNA-Zentrale werden diese Informationen übersichtlich auf Bildschirmen dargestellt, sodass die Telenotärzte aufgrund der übertragenen Daten den Einsatzablauf mitverfolgen und die weitere Transport- und Behandlungstherapie koordinieren können. Die Informationsgewinnung an der Einsatzstelle wird voraussichtlich durch ein

---

279 *Lücker*, in: Spickhoff (Hrsg.), Medizinrecht, § 3 MPG Rn. 2 ff.
280 *Lücker*, in: Spickhoff (Hrsg.), Medizinrecht, § 3 MPG Rn. 2 ff.; *Dieners/Oeben*, MPR 2009, 55 f.; *Oen*, MPR 2009, 55; *J. Prütting/Wolk*, MedR 2020, 359, 360.
281 EuGH EuZW 2013, 117, 118; *Ratzel*, in: Deutsch/Lippert/Ratzel/Tag/Gassner, MPG, § 3 Rn. 1; *Heimhalt/Rehmann*, MPR 2014, 197, 200 f.; vgl. auch Erwägungsgrund 6 zur Richtlinie 2007/47/EW.

II. Einordnung als Medizinprodukt

oder mehrere Medizinprodukte erfolgen (z.B. Corpuls C3-Patientenmonitor und Defibrillator,[282] elektronisches Stethoskop). Die Rettungswagen sind mit einer Kommunikationseinheit, der sog. InCar-peeq®BOX als WLAN-Access-Point ausgerüstet, die das Herzstück der telemedizinischen Ausstattung darstellt. Sie wird direkt an der Defibrillator-Einheit angebracht und ermöglicht einen Austausch von Audio-, Video- und Live-Vitaldaten zwischen TNA-Zentrale und Rettungswagen vor Ort. Die Schnittstelle zur Informationsübertragung sowie die eigentliche Informationsübertragung erfolgen über ein Nicht-Medizinprodukt (z.B. öffentliches Telefonnetz, mobiles Internet oder WLAN). Die Informationsdarstellung in der TNA-Zentrale kann entweder durch ein Medizinprodukt (z.B. Corpuls.WebLife zur Übertragung von (live) Vitaldaten mit entsprechender Zulassung nach MDR zur Befundung und Therapie oder DICOM Befund-Arbeitsplatz) oder durch ein Nicht-Medizinprodukt (z.B. PC-Arbeitsplatz) erfolgen.[283] Daraus ergibt sich, dass im Telenotarzt-System sowohl ein oder mehrere Nicht-Medizinprodukte (z.B. Videokamera, öffentliches Telefon- und Internetnetz, PC-Arbeitsplatz) sowie Medizinprodukte zum Einsatz kommen. Letztere sind seitens des Herstellers einem Konformitätsbewertungsverfahren zu unterwerfen, in dem die Sicherheit, Eignung und Leistung des Medizinproduktes überprüft wird.[284] Erfüllt das Produkt die Anforderungen, erhält es zur Erlangung der Verkehrsfähigkeit eine CE-Kennzeichnung und kann sodann als Teil des Telenotarzt-Systems eingesetzt werden.

Die Frage, ob es sich bei dem Telenotarzt-System als Ganzes um ein „System" oder eine „Behandlungseinheit" handelt, das bzw. die erstmalig i.S.d. § 10 MPG (oder künftig im Sinne des Art. 22 MDR) in Verkehr gebracht wird,[285] ist zu verneinen. Ein System, das sowohl aus Medizinprodukten als auch Nicht-Medizinprodukten besteht, müsste gemäß § 10 Abs. 2 MPG (künftig Art. 22 Abs. 4 MDR) einem eigenständigen Konformitätsbewertungsverfahren unterzogen werden. Die Begriffe „System" und „Behandlungseinheit" werden im MPG nicht definiert. Es darf sich jedoch nicht nur um eine bloße Ansammlung oder lose Verbindung einzelner Produkte handeln, sondern es muss eine Einheit geschaffen werden, die als

---

[282] Nähere Informationen unter https://www.corpuls.world.
[283] Eingehende Informationen unter www.telenotarzt.de.
[284] Näher zum Konformitätsbewertungsverfahren *Edelhäuser*, in: Anhalt/Dieners, Hdb. MPR, § 5.
[285] Zum Merkmal des Inverkehrbringens siehe die Legaldefinition in § 3 Nr. 11 MPG; dazu *Rehmann*, in: Rehmann/Wagner, MPG, § 3 Rn. 17; *Häberle*, in: Erbs/Kohlhaas, Strafrechtliche Nebengesetze, § 3 MPG Rn. 11.

solche benutzt werden soll, nicht also deren Bestandteile alleine.[286] In Art. 2 Nr. 11 MDR wird der Begriff des „Systems" nun definiert: „System bezeichnet eine Kombination von Produkten, die zusammen verpackt sind oder auch nicht und die dazu bestimmt sind, verbunden oder kombiniert zu werden, um einen spezifischen medizinischen Zweck zu erfüllen." Bei dem Telenotarzt-System treffen diese Voraussetzungen nicht zu, sodass es sich dabei nicht um ein „System" i.S.d. § 10 MPG handelt, das erstmalig in Betrieb genommen[287] oder in den Verkehr gebracht wird.

III. Anforderungen der Medizinproduktebetreiberverordnung

Da von Fehlern oder Mängeln eines Medizinproduktes oder seiner falschen Bedienung Gefahren für den Patienten, aber auch den Anwender ausgehen können, dürfen Medizinprodukte gem. § 14 S. 1 MPG nur nach Maßgabe der Medizinproduktebetreiberverordnung (MPBetreibV)[288] errichtet, betrieben, angewendet und in Stand gehalten werden.[289] Da im Telenotarzt-System Medizinprodukte betrieben und angewendet werden, bedürfen die Anforderungen der MPBetreibV einer näheren Betrachtung.

„Betreiber" ist entsprechend der Legaldefinition in § 2 Abs. 2 MPBetreibV jede natürliche oder juristische Person, die für den Betrieb der Gesundheitseinrichtung verantwortlich ist, in der das Medizinprodukt durch dessen Beschäftigte betrieben oder angewendet wird. Ist das Medizinprodukt im Besitz eines Angehörigen der Heilberufe oder des Heilgewerbes und wird es von diesem zur Verwendung in eine Gesundheitseinrichtung mitgebracht, so ist der Angehörige des Heilberufs oder des Heilgewerbes Betreiber. Als Betreiber gilt auch, wer außerhalb von Gesundheitseinrichtungen in seinem Betrieb oder seiner Einrichtung oder im öffentlichen Raum Medizinprodukte zur Anwendung bereithält. „Anwender" ist gem.

---

286 *Wagner*, in: Rehmann/Wagner, MPG, § 10 Rn. 6.
287 Zum Merkmal der Inbetriebnahme siehe die Legaldefinition in § 3 Nr. 12 MPG, vgl. *Häberle*, in: Erbs/Kohlhaas, Strafrechtliche Nebengesetze, § 3 MPG Rn. 12.
288 Die MPBetreibV beruht auf der Verordnungsermächtigung in § 37 Abs. 5 MPG. Das künftige MPDG enthält in § 88 MPDG ebenfalls eine Verordnungsermächtigung. Sobald das MPDG anwendbar ist, wird eine neue MPBetreibV auf dieser Grundlage erlassen werden.
289 Vgl. *Friedrich*, in: Clausen/Schroeder-Printzen (Hrsg.), MAH MedR, § 17 Rn. 320.

§ 2 Abs. 3 MPBetreibV, wer ein Medizinprodukt im Anwendungsbereich der Rechtsverordnung am Patienten einsetzt.[290] Beim Einsatz des Telenotarzt-System sind die Rettungsdienstträger „Betreiber" der im System vorhandenen Medizinprodukte. Auf das Rettungsdienstpersonal trifft die Anwendereigenschaft zu.

Die allgemeinen Anforderungen, innerhalb derer Medizinprodukte betrieben und angewendet werden dürfen, regelt § 4 MPBetreibV.[291] Zentraler Begriff in § 4 Abs. 1 sowie in Abs. 4 ist die „Zweckbestimmung" des Medizinproduktes i.S.d. § 3 Nr. 10 MPG.[292] Nach § 4 Abs. 4 MPBetreibV dürfen „miteinander verbundene Medizinprodukte sowie mit Zubehör einschließlich Software oder mit anderen Gegenständen verbundene Medizinprodukte nur betrieben und angewendet werden", wenn die Einzelkomponenten unter Berücksichtigung ihrer Zweckbestimmung[293] dazu geeignet sind und die Sicherheit der Patienten, Anwender, Beschäftigten oder Dritten gewährleistet ist. § 4 Abs. 2 MPBetreibV will sicherstellen, dass beim Errichten, Betreiben, Anwenden und Instandhalten von Medizinprodukten nur Personen eingesetzt werden, „die dafür die erforderliche Ausbildung oder Kenntnis und Erfahrung besitzen". Nach § 4 Abs. 6 MPBetreibV hat sich der Anwender vor der Anwendung von der Funktionsfähigkeit und dem ordnungsgemäßen Zustand des Medizinproduktes zu überzeugen und die Gebrauchsanweisung sowie die sonstigen beigefügten sicherheitsbezogenen Informationen und Instandhaltungshinweise zu beachten.[294] Ein Abweichen von der Zweckbestimmung des Herstellers ist grundsätzlich nur dann zulässig, wenn die Patientensicherheit hierdurch nachweislich nicht gefährdet wird.[295]

Beim Telenotarzt-System kommen CE-gekennzeichnete Medizinprodukte zum Einsatz. Diese entsprechen allen erforderlichen gesetzlichen, nor-

---

290 Näher zur Definition *Jäkel*, in: Rieger/Dahm/Katzenmeier/Stellpflug/Ziegler (Hrsg.), HK-AKM, Medizinprodukte, Nr. 3590 Rn. 48; *Webel*, in: Bergmann/Pauge/Steinmeyer, Gesamtes Medizinrecht, § 4 MPBetreibV Rn. 4.
291 *Jäkel*, in: Rieger/Dahm/Katzenmeier/Stellpflug/Ziegler (Hrsg.), HK-AKM, Medizinprodukte, Nr. 3590 Rn. 51.
292 Vgl. *Webel*, in: Bergmann/Pauge/Steinmeyer, Gesamtes Medizinrecht, § 4 MPBetreibV Rn. 2.
293 Zum Merkmal der Zweckbestimmung siehe die Legaldefinition in § 3 Nr. 10 MPG, vgl. *Rehmann*, in: Rehmann/Wagner, MPG, § 3 Rn. 14; *Häberle*, in: Erbs/Kohlhaas, Strafrechtliche Nebengesetze, § 3 MPG Rn. 10.
294 *Webel*, in: Bergmann/Pauge/Steinmeyer, Gesamtes Medizinrecht, § 4 MPBetreibV Rn. 5; *Friedrich*, in: Clausen/Schroeder-Printzen (Hrsg.), MAH MedR, § 17 Rn. 323.
295 Vgl. *Daum*, MPR 2004, 63, 66.

mativen und sicherheitstechnischen Anforderungen[296] und sind damit innerhalb der gesamten Europäischen Union verkehrsfähig. Beim Einsatz solcher Produkte ist die EU-Konformitätsbewertung[297] bzw. -erklärung des Herstellers entscheidend. Denn deren Anwender und Betreiber können annehmen, dass diese Produkte bei einem bestimmungsgemäßen Gebrauch den vorgesehenen Zweck erfüllen und entsprechend den Angaben in der Gebrauchsanweisung auch sicher sind. Wenn der Hersteller des eingesetzten Medizinproduktes die Verbindung zu einem Datennetz (z.B. Internet oder öffentlichem Telefonnetz) in seine Konformitätsbewertung mit einbezogen hat, können die Betreiber und Anwender der im Telenotarzt-Systems eingesetzten Medizinprodukte davon ausgehen, dass eventuelle Risiken (z.b. bedingt durch das Übertragungssystem) im Hinblick auf den bestehenden Nutzen bewertet und in der Zweckbestimmung des Herstellers als vertretbar eingestuft wurden. Denn die grundlegenden Anforderungen an Medizinprodukte mit CE-Kennzeichnung beinhalten auch die Anforderung, dass der Hersteller im Rahmen des für das jeweilige Produkt anwendbaren Konformitätsbewertungsverfahrens bereits überprüfen und darlegen muss, dass die Kombination seines Produktes mit anderen Medizinprodukten sicher ist und sie die vorgesehene Leistung der einzelnen Produkte nicht beeinträchtigt.[298]

Bei der Anwendung von Medizinprodukten beim Einsatz des Telenotarzt-Systems tritt nach § 4 Abs. 3 MPBetreibV noch die entsprechende auch zu dokumentierende Einweisung in die sachgerechte Handhabung des jeweiligen Medizinproduktes hinzu, es sei denn, das Medizinprodukt ist selbsterklärend oder es erfolgte bereits eine Einweisung in ein baugleiches Medizinprodukt.[299] Im Telenotarzt-System kommen als Anwender im Wesentlichen nur Ärzte und medizinisch-technisch geschultes Fachpersonal in Betracht. Aus diesem Grund gewinnt bei der Implementierung des Telenotarzt-Systems die Durchführung regelmäßiger Mitarbeiterschulungen

---

296 Die grundlegenden Anforderungen sind gemäß § 7 Abs. 1 MPG in dem Anhang 1 der Richtlinie 93/42/EWG v. 14.6.1993 über Medizinprodukte geregelt.
297 Vgl. *Wagner*, in: Rehmann/Wagner, MPG, § 7 Rn. 14; *Friedrich*, in: Clausen/Schroeder-Printzen (Hrsg.), MAH MedR, § 17 Rn. 289 ff. m.w.N.
298 Vgl. *Lücker*, in: Spickhoff (Hrsg.), Medizinrecht, § 10 MPG Rn. 3; *Wagner*, in: Rehmann/Wagner, MPG, § 10 Rn. 9.
299 Vgl. *Jäkel*, in: Rieger/Dahm/Katzenmeier/Stellpflug/Ziegler (Hrsg.), HK-AKM, Medizinprodukterecht, Nr. 3590 Rn. 53; *Webel*, in: Bergmann/Pauge/Steinmeyer, Gesamtes Medizinrecht, § 4 MPBetreibV Rn. 4.

erheblich an Bedeutung, um die technische Handhabung sicherzustellen und die rechtlichen Anforderungen zu verdeutlichen.[300]

Vor diesem Hintergrund stellt sich beim Einsatz des Telenotarzt-Systems schließlich die Frage, welche vor allem technischen Fertigkeiten dessen Anwender seinem Berufsbild entsprechend für diese Aufgaben vorweisen muss. Mit der zunehmenden Technisierung der Medizin wird dem Anwender zugestanden, dass er nicht alle technischen Einzelheiten der ihm zur Verfügung stehenden Medizinprodukte erfassen und sich vergegenwärtigen muss.[301] Der Anwender hat aber die Pflicht, sich einen Grad an Bedienungskompetenz anzueignen, der einem naturwissenschaftlich aufgeschlossenen Menschen möglich und zumutbar ist.[302]

IV. Produkthaftung

Weder das MPG (oder die neue MDR) noch die MPBetreibV sehen für die zivilrechtliche Haftung der Betreiber und Anwender spezielle Regelungen vor. Die Haftung richtet sich daher nach dem Produkthaftungsgesetz (ProdHaftG) und dem BGB (Vertrag und Delikt).[303] § 6 Abs. 4 MPG (zukünftig Art. 10 Abs. 16 MDR) stellt lediglich klar, dass die Durchführung von Konformitätsbewertungsverfahren die zivil- und strafrechtliche Verantwortlichkeit der nach § 5 MPG für das Inverkehrbringen Verantwortlichen unberührt lässt.[304] Je nach Sachverhaltskonstellation kommen folglich unterschiedliche Anspruchsgegner in Betracht. Dies können der Hersteller des Medizinproduktes, der Betreiber, der Anwender und dessen Hilfspersonen, die Benannte Stelle (§ 3 Nr. 20 MPG) oder im Rahmen eines Amtshaftungsanspruchs die für ihre Benennung zuständige Behörde sein.[305]

---

300 *Webel*, in: Bergmann/Pauge/Steinmeyer, Gesamtes Medizinrecht, § 4 MPBetreibV Rn. 4.
301 *Webel*, in: Bergmann/Pauge/Steinmeyer, Gesamtes Medizinrecht, § 4 MPBetreibV Rn. 6.
302 Vgl. *Webel*, Medizinprodukterecht, S. 425 m.w.N.
303 *Rehmann*, in: Rehmann/Wagner, MPG, Einführung Rn. 74 ff.; *Deutsch*, VersR 2006, 1145, 1146 ff.; *Ortner/Daubenbüchel*, NJW 2016, 2918, 2921 ff.
304 *Rehmann*, in: Rehmann/Wagner, MPG, Einführung Rn. 74; *Lücker*, in: Spickhoff (Hrsg.), Medizinrecht, § 6 MPG Rn. 8 f. m.w.N.
305 Dazu *Friedrich*, in: Clausen/Schroeder-Printzen (Hrsg.), MAH MedR, § 17 Rn. 343 ff. m.w.N.; vgl. auch *Gassner*, in: Deutsch/Lippert/Ratzel/Tag/Gassner, MPG, Haftung für Medizinprodukte Rn. 3.

Nach § 1 Abs. 1 S. 1 ProdHaftG haftet der Hersteller eines Produktes für den Schaden, der durch den Fehler seines Produktes an Leben, Körper, Gesundheit oder Eigentum einer anderen Person entsteht. Anders als die Verschuldenshaftung nach BGB-Deliktsrecht statuiert das ProdHaftG eine verschuldensunabhängige Haftung, die allein an das Inverkehrbringen eines fehlerhaften Produktes durch den Hersteller anknüpft.

Die deliktische Haftung und die aus § 1 ProdHaftG sind nebeneinander anwendbar (§ 15 Abs. 2 ProdHaftG). Der Geschädigte hat den Fehler, die Rechts(guts)verletzung, den Schaden und die Kausalität zu beweisen.[306] Hinsichtlich der Haftung nach dem ProdHaftG ist nicht der Herstellerbegriff des § 3 Nr. 15 MPG, sondern die Begriffsbestimmung des § 4 ProdHaftG maßgeblich.[307] Der Betreiber und Anwender eines Medizinproduktes wird dann zum Hersteller, wenn der Zustand eines Medizinproduktes entgegen seiner Zweckbestimmung durch den eigentlichen Hersteller verändert wird (sog. Off-Label-Anwendung).[308] Denn § 4 Abs. 1 MBetreibV fordert vom Betreiber eine zweckbestimmungsgemäße Anwendung.[309] Zudem ist nach § 4 Abs. 4 MPBetreibV ein Betreiben und Anwenden verboten, wenn verschiedene Medizinprodukte miteinander oder mit Zubehör einschl. Software oder anderen Gegenständen verbunden werden, obwohl sie „zur Anwendung in dieser Kombination unter Berücksichtigung der Zweckbestimmung und der Sicherheit der Patienten, Anwender, Beschäftigten oder Dritten" nicht geeignet sind. Da die Zweckbestimmung für die Sicherheitseigenschaften des Medizinproduktes von erheblicher Bedeutung ist, können die durch ihre Verletzung herbeigeführten Änderungen der physischen Beschaffenheit auch so wesentlich sein, dass diese im Ergebnis medizinprodukterechtlich als Eigenherstellung qualifiziert werden.[310] Dies hat zur Folge, dass der Betreiber oder Anwender produkthaftungsrechtlich als Hersteller eines neuen Medizinproduktes mit abweichender Zweckbestimmung behandelt wird.[311] Auf diese Weise erlischt

---

306 *Katzenmeier*, in: NK-BGB, § 823 Rn. 322; *ders./Voigt*, ProdHaftG, § 1 Rn. 91 ff. m.w.N.
307 *Katzenmeier*, in: NK-BGB, § 823 Rn. 300 f. m.w.N.; *ders./Voigt*, ProdHaftG, § 4 Rn. 1 ff. m.w.N.
308 *Timke*, MedR 2015, 643, 644 f.; *Ortner/Daubenbüchel*, NJW 2016, 2918, 2923.
309 *Lücker*, in: Spickhoff, Medizinrecht (Hrsg.), § 3 MPG Rn. 14b.
310 Vgl. *Timke*, MedR 2015, 643, 647 mit Verweis auf Art. 2 lit. e) RL 2001/95/EG.
311 Vgl. *Friedrich*, in: Clausen/Schroeder-Printzen (Hrsg.), MAH MedR, § 17 Rn. 347 m.w.N.; *Timke*, MedR 2015, 643, 646; *Weimer*, MPR 2007, 119, 120 m.w.N.

IV. Produkthaftung

die Produktverantwortlichkeit des ursprünglichen Herstellers.[312] Der Off-Label-Betreiber oder -Anwender tritt an die Stelle des Herstellers und kann auf Schadensersatz in Anspruch genommen werden.

Vor diesem Hintergrund kommt beim Einsatz des Telenotarzt-Systems eine Haftung des Betreibers bzw. Anwenders nach dem ProdHaftG nur dann in Betracht, wenn ihm die Eigenschaft als Hersteller zukommt. Dies wird grds. zu verneinen sein, da beim Einsatz des Telenotarzt-Systems davon auszugehen ist, dass die eingesetzten Medizinprodukte unter Berücksichtigung der Zweckbestimmung durch den eigentlichen Hersteller verwendet werden. Dem Betreiber/Anwender ist daher anzuraten, keine Veränderungen an den eingesetzten Medizinprodukten vorzunehmen und ggf. vom jeweiligen Hersteller eine Funktionsprüfung und eine Einweisung der Anwender durchführen zu lassen.

Schließlich kommt eine deliktische Haftung des Betreibers/Anwenders des Telenotarzt-Systems wegen Organisationsverschuldens in Betracht.[313] Den jeweiligen Rettungsdienstträger treffen beim Einsatz des Telenotarzt-Systems Organisationspflichten z.B. hinsichtlich der Beschaffung und Wartung der notwendigen Geräte und Software-Programme sowie der Personalschulung.[314] Um dem Vorwurf einer Organisationspflichtverletzung zu entgehen, muss sich der für die Organisation des Rettungsdienstes Zuständige (in der Regel der ÄLRD) oder der telemedizinisch tätige Notarzt vergewissern, dass die eingesetzten Geräte und EDV-Lösungen ordnungsgemäß funktionieren, nach dem gegenwärtigen Stand der Technik gewartet werden und diese Wartung dokumentiert wird.[315] Falls es sich um vom Anwender unvermeidbare Störungen, insb. Softwarefehler handelt, fallen diese in den Zuständigkeitsbereich der IT-Experten. Hier entstehen An-

---

312 *Timke*, MedR 2015, 643, 645 m.w.N.
313 Das MPG wie auch die MPBetreibV enthalten in weiten Teilen Schutzgesetze i.S.d. § 823 Abs. 2 BGB, vgl. *Wagner*, in: MüKo-BGB, § 823 Rn. 1040. Zur Haftung wegen Organisationspflichtverletzung vgl. auch die Ausführungen in Teil 3 IV.
314 *Webel*, in: Bergmann/Pauge/Steinmeyer, Gesamtes Medizinrecht, § 4 MPBetreibV Rn. 4; s. auch bereits *Ulsenheimer/Heinemann*, MedR 1999, 197, 200.
315 Grds. handelt es sich beim Einsatz technischer Geräte um voll beherrschbare Risiken; BGHZ 89, 263, 269 = NJW 1984, 1400, 1402; BGH NJW 1991, 1541; *Katzenmeier*, Arzthaftung, S. 485 f. m.w.N.

sprüche gegen den Hersteller nach den Regeln der Produkt- und Produzentenhaftung.[316]

---

316 *Lücker*, in: Spickhoff, Medizinrecht (Hrsg.), § 6 MPG Rn. 9; *Wirbel-Rusch*, Telemedizin – Haftungsfragen, S. 88 ff.; *Hobusch/Ochs*, MedR 2009, 15, 21; *Ulsenheimer/Heinemann*, MedR 1999, 197, 200; vgl. auch die Ausführungen in Teil 3 IV.

Teil 5. Datenschutzrechtliche Aspekte des Einsatzes des Telenotarzt-Systems

I. Einleitung

Durch den Einsatz elektronischer Datenverarbeitungssysteme konnten in den letzten Jahren in immer mehr Bereichen des täglichen Lebens signifikante Zeit- und Kosteneinsparungen erzielt werden. Auch im Gesundheitswesen spielt die elektronische Kommunikation zwischen den beteiligten Institutionen eine immer größere Rolle. Telemedizinische Anwendungen können die Leistungsprozesse optimieren und damit Qualität und Effizienz der Patientenversorgung insgesamt steigern. Mit dem immer schnelleren und transparenteren Informationsfluss im Zuge der Digitalisierung der Medizin wachsen jedoch die Gefahren eines unautorisierten Zugriffs oder einer missbräuchlichen Verwendung von Daten.[317] Hierzulande besteht ein umfangreiches Regelwerk.[318]

Der Schutz der besonders sensiblen Gesundheitsdaten[319] beruht im Wesentlichen auf vier Säulen: dem allgemeinen Datenschutzrecht, dem bereichsspezifischen Datenschutzrecht für den Gesundheitssektor,[320] dem Sozialdatenschutzrecht und den Regelungen zur ärztlichen Schweigepflicht.

---

317 *Dochow*, MedR 2019, 636, 640 spricht von einer „Disruption der datenschutzrechtlichen Verantwortlichkeit". Demnach sei die Verantwortlichkeit für den Datenschutz weniger greifbar, wenn mehrere Akteure gleichzeitig agieren.
318 Zum Folgenden *Buchner*, in: Rieger/Dahm/Katzenmeier/Steinhilper/Stellpflug, HK-AKM, Datenschutz, Nr. 1340 Rn. 3 ff.; *ders.*, MedR 2016, 660, 661: möglicherweise zu viel an Regulierung; *ders./Schwichtenberg*, GuP 2016, 218 ff.; s. auch *Kingreen/Kühling*, Gesundheitsdatenschutzrecht, 2015; unter der DS-GVO *Buchner* (Hrsg.), Der neue Datenschutz im Gesundheitswesen, 2018.
319 Art. 4 Nr. 15 DS-GVO definiert Gesundheitsdaten als „personenbezogene Daten, die sich auf die körperliche oder geistige Gesundheit einer natürlichen Person, einschließlich der Erbringung von Gesundheitsdienstleistungen, beziehen und aus denen Informationen über deren Gesundheitszustand hervorgehen".
320 Eine Auflistung von bereichsspezifischen Normen, die entweder überwiegend datenschutzrechtliche Ziele verfolgen oder zumindest datenschutzrechtliche Tatbestände erfassen, liefert *Buchner*, in: Rieger/Dahm/Katzenmeier/Stellpflug/Ziegler (Hrsg.), HK-AKM, Datenschutz, Nr. 1340 Rn. 10 ff.

Zum allgemeinen Datenschutzrecht zählen die DS-GVO und das BDSG[321] sowie die sechzehn Landesdatenschutzgesetze.[322] Daneben existieren bereichsspezifische Datenschutznormen, vor allem für Krankenhäuser.[323] Aus dem Sozialdatenschutzrecht sind neben den allgemeinen Grundsätzen, §§ 67 ff. SGB X, insbesondere die bereichsspezifischen Datenschutzvorschriften für die gesetzliche Krankenversicherung relevant, §§ 284 ff. SGB V. Schließlich sind bei der Verarbeitung von patientenbezogenen Gesundheitsdaten die Regelungen der ärztlichen Schweigepflicht zu beachten, berufsrechtlich normiert und strafrechtlich abgesichert in § 203 StGB,[324] sowie die Anforderungen der Rechtsprechung an die moderne Telematik-Infrastruktur und Leistungserbringung im Hinblick auf die zu wahrenden Patientenrechte.[325]

Im Gesundheitswesen geht es um hochsensible Daten, abgesichert durch das Grundrecht auf „informationelle Selbstbestimmung".[326] Dieses Grundrecht ist eine der zentralen Errungenschaften moderner Werte und

---

321 Zu personenbezogenen Gesundheitsdaten s. Art. 9 Abs. 2 lit. a) bis j) DS-GVO, ergänzend § 22 BDSG.
322 Je nachdem wer Träger der Gesundheitseinrichtung ist. Für Einrichtungen in kirchlicher Trägerschaft gelten überdies die Datenschutznormen der evangelischen oder katholischen Kirche.
323 Manche Landeskrankenhausgesetze sehen keine Regelungen zum Datenschutz vor, manche enthalten mehr oder weniger umfangreiche Bestimmungen. Bremen und NRW haben sogar ein eigenes Gesetz erlassen: Bremisches Krankenhausdatenschutzgesetz (BremKHDSG) v. 25.4.1989 und Gesetz zum Schutz gesundheitsbezogener Daten im Gesundheitswesen (GDSG NRW) v. 22.2.1994; krit. *Buchner*, MedR 2016, 660, 661; *ders./Schwichtenberg*, GuP 2016, 218, 222: ebenso unübersichtliches wie uneinheitliches Regelungsgeflecht.
324 § 203 StGB wurde im Herbst 2017 reformiert, um den Bedürfnissen der Digitalisierung (auch im Gesundheitswesen) Rechnung zu tragen. Unter best. Voraussetzungen ist die Weitergabe von Patientendaten durch einen Arzt an externe Dienstleister gestattet, die ihrerseits zur Verschwiegenheit verpflichtet werden, vgl. § 203 Abs. 4 S. 2 Nr. 1 StGB. Das Gesetz strebt einen Ausgleich zwischen den nachvollziehbaren wirtschaftlichen Interessen von Berufsgeheimnisträgern und schützenswerten Geheimhaltungsinteressen an, vgl. BT-Dr. 18/11936, S. 3, 25; krit. *Dochow*, GesR 2018, 137, 152: Relativierung des Patientengeheimnisschutzes; näher zu Unterscheidung und Verhältnis von Gesundheitsdatenschutz und ärztlicher Schweigepflicht *ders.*, MedR 2019, 363 ff. u. 636 ff.
325 Vgl. BSGE 117, 224 = ZD 2015, 441; SG München ZD 2019, 327.
326 Grdl. BVerfGE 65, 1 = NJW 1984, 419 (Volkszählung): Befugnis des Einzelnen, „grundsätzlich selbst zu entscheiden, wann und innerhalb welcher Grenzen persönliche Lebenssachverhalte offenbart werden" (42 f.), wobei es durch digitale Verarbeitung und Verknüpfung „kein ‚belangloses' Datum gibt" (45); *Di Fabio*, in: Maunz/Dürig, GG, 84. EL 2018, Art. 2 Abs. 1 Rn. 173 ff. m.w.N.

Traditionen, es ist Grundbedingung einer informationstechnisch hochentwickelten freiheitlichen Demokratie.[327] Gegenüber privaten Datenschutzgefährdungen besteht eine staatliche Schutzpflicht, Vorkehrungen zu ergreifen.[328] Auch bei der Bewertung des Telenotarzt-Systems sind datenschutzrechtliche Aspekte zu berücksichtigen.

II. Anwendbares Datenschutzrecht im Notarzt- und Rettungsdienst NRW

Das Datenschutzrecht wird seit dem 25.5.2018 wesentlich durch die Datenschutz-Grundverordnung (DS-GVO)[329] geprägt. Aufgrund des Wesens der Verordnung bedarf die DS-GVO keiner nationalen Umsetzungsakte, sie ist gem. Art. 288 Abs. 2 AEUV in allen ihren Teilen verbindlich und gilt unmittelbar in jedem EU-Mitgliedstaat. Nationalen Gesetzgebern wird in sog. Öffnungsklauseln die Möglichkeit eröffnet, konkretisierende, ergänzende oder modifizierende Regelungen zu treffen. Der deutsche Gesetzgeber hat vor diesem Hintergrund das sog. Datenschutzanpassungs- und -Umsetzungsgesetz EU (DSAnpUG-EU)[330] erlassen, mit welchem insbesondere das BDSG eine vollständige Überarbeitung erfuhr. Das überarbeitete BDSG ist ebenso am 25.5.2018 in Kraft getreten und hat das BDSG a.F. ersetzt. Die DS-GVO stellt die primäre Rechtsquelle in Deutschland dar, soweit ihr Anwendungsbereich eröffnet ist, vgl. § 1 Abs. 5 BDSG.[331] Nationale Vorschriften sind folglich nur noch ergänzend anwendbar, wenn die DS-GVO keine hinreichend bestimmten Vorschriften enthält oder explizit abweichende nationale Regelungen zulässt.[332]

---

327 *Weichert*, ZD 2013, 251.
328 BVerfGE 84, 192, 194 f.; zum Schutz des informationellen Selbstbestimmungsrechts unter Privaten *Buchner*, Informationelle Selbstbestimmung im Privatrecht, 2006; *Hoffmann-Riem*, AöR 123 (1998), 513; *Gurlit*, NJW 2010, 1035; *Di Fabio*, in: Maunz/Dürig, GG, 84. EL 2018, Art. 2 Abs. 1 Rn. 189 ff. m.w.N.
329 Verordnung (EU) 2016/679 des Europäischen Parlaments und des Rates v. 27.4.2016 zum Schutz natürlicher Personen bei der Verarbeitung personenbezogener Daten, zum freien Datenverkehr und zur Aufhebung der Richtlinie 95/46/EG (Datenschutz-Grundverordnung), ABl. Nr. L 119, S. 1, ber. Nr. L 314, S. 72 und ABl. 2018 Nr. L 127, S. 2.
330 DSAnpUG-EU v. 30.6.2017, BGBl. 2017 I, S. 2097.
331 *Klar*, in: Kühling/Buchner (Hrsg.), DS-GVO/BDSG, § 1 BDSG Rn. 31; *Gola/Reif*, in: Gola/Heckmann (Hrsg.), BDSG, § 1 Rn. 11 ff. m.w.N.; *Böken*, in: Sydow (Hrsg.), BDSG, § 1 Rn. 45 f.; *Egberts/Monschke*, JURA 2018, 1100, 1101 f. m.w.N.
332 *Sydow*, in: ders. (Hrsg.), BDSG, Einleitung Rn. 45.

Teil 5. Datenschutzrechtliche Aspekte des Einsatzes des Telenotarzt-Systems

Für die Ausfüllung der durch die DS-GVO eröffneten nationalen Spielräume gilt die nationale Kompetenzordnung. Sowohl auf Bundes- wie auch auf Landesebene bestehen Datenschutzgesetze, welche der Konkretisierung der DS-GVO dienen. Für die Verarbeitung personenbezogener Daten durch Behörden und sonstige öffentliche Einrichtungen der Länder enthalten die Landesdatenschutzgesetze (bzw. Durchführungsgesetze zur DS-GVO) die allgemeinen Ergänzungen zur DS-GVO. Nur soweit der Datenschutz in Bezug auf öffentliche Stellen der Länder nicht durch Landesgesetz geregelt ist und die öffentliche Stelle des Landes Bundesrecht ausführt oder als Organ der Rechtspflege tätig wird und es sich hierbei nicht um Verwaltungsangelegenheiten handelt, kommt eine subsidiäre Anwendung des BDSG gem. § 1 Abs. 1 S. 1 Nr. 2 BDSG in Betracht.[333] Das BDSG findet auf die Verarbeitung personenbezogener Daten durch öffentliche Stellen zudem dann Anwendung, soweit diese durch öffentliche Stellen des Bundes erfolgt, § 1 Abs. 1 Nr. 1 BDSG. Im Übrigen ist das BDSG gem. § 1 Abs. 1 S. 1 Nr. 2 nicht anwendbar, sofern ein Bundesland den Datenschutz durch Landesgesetz geregelt hat, wie es in NRW der Fall ist.

Für die öffentlichen Stellen des Landes NRW gilt das ebenfalls am 25.5.2018 in Kraft getretene Datenschutzgesetz NRW.[334] Das neukonzipierte Landesdatenschutzgesetz füllt die Gestaltungsspielräume der unmittelbar geltenden DS-GVO aus. Da es sich bei dem jeweiligen Rettungsdienstträger in NRW um eine öffentliche Stelle des Landes handelt, sind für diesen Bereich in Ergänzung zur DS-GVO die in Teil 2 des DSG NRW geregelten Durchführungsbestimmungen einschlägig. Im Bereich der präklinischen Notfallmedizin ist ebenfalls zu berücksichtigen, dass § 7a RettG NRW Spezialregelungen zum Datenschutz enthält, die dem DSG NRW vorgehen.[335] Soweit diese bereichsspezifischen Regelungen auf die

---

333 Vgl. *Sydow*, in: ders. (Hrsg.), BDSG, Einleitung Rn. 50.
334 Datenschutzgesetz Nordrhein-Westfalen (DSG-NRW) v. 17.5.2018, GV. NRW. 2018 S. 244.
335 *D. Prütting*, RettG NRW, § 7a Rn. 2 ff. Auf die speziellen Datenschutzgesetze zu bestimmten Regelungskomplexen, wie das Krankenhausgestaltungsgesetz NRW (KHGG NRW) v. 11.12.2007, GV. NRW. 2007 S. 702, zuletzt geändert durch Art. 14 des Gesetzes zum Abbau unnötiger und belastender Vorschriften im Land Nordrhein-Westfalen v. 22.3.2018, GV. NRW. 2018 S. 172 oder das Gesundheitsdatenschutzgesetz NRW (GDSG NRW) v. 22.2.1994, GV. NRW. 1994 S. 84, zuletzt geändert durch Art. 2 des Gesetzes über die klinische und epidemiologische Krebsregistrierung sowie zur Änderung des Gesundheitsdatenschutzgesetzes v. 2.2.2016, GV. NRW. 2016 S. 94, nimmt § 7a RettG NRW nicht Bezug, sodass diese Gesetze auf dem Gebiet des Rettungswesens keine Anwendung finden, vgl. *D. Prütting*, RettG NRW, § 7a Rn. 3.

Verarbeitung personenbezogener Daten anzuwenden sind, gehen sie den Vorschriften des DSG NRW vor, vgl. § 5 Abs. 6 S. 1 DSG NRW.[336] Die Subsidiarität des DSG NRW wird in § 5 Abs. 6 S. 2 dahingehend abgeschwächt, dass das DSG NRW für den Fall, dass das Spezialgesetz keine oder keine abschließende Regelung zu einem Sachverhalt enthält, das DSG NRW für die nicht oder nicht abschließend geregelte Durchführungsbestimmung zur DS-GVO wiederum vorrangig gilt.[337] Hinzu kommt, dass die Spezialregelung in § 7a RettG NRW nach der Gesetzesbegründung vordergründig auf die Schaffung einer verbesserten Grundlage für die Auswertung der Einsätze sowie die Implementation eines Qualitätssicherungssystems im Rettungswesen abzielt. Der Landesgesetzgeber hat damit nicht die Schaffung neuer datenschutzrechtlichen Bestimmungen, sondern unter Berücksichtigung der Bestimmungen des DSG NRW und im Zusammenhang mit der Dokumentationspflicht im Rettungsdienst die Aufstellung allgemeiner Grundsätze beabsichtigt, auf deren Basis das System insgesamt analysiert und qualitativ verbessert werden kann.[338]

III. Maßgebliche datenschutzrechtliche Anforderungen für das Telenotarzt-System

Datenschutzrechtlicher Ausgangspunkt für die Datenverarbeitung im Gesundheitswesen und somit auch im Notarzt- und Rettungsdienst ist die DS-GVO. Regelungsadressaten sind alle nationalen Gesundheitseinrichtungen unabhängig davon, ob sie sich in privater oder in Trägerschaft des Bundes, der Länder oder der Kommunen befinden. Dieser umfassende Geltungsanspruch der DS-GVO wird durch die bereits erwähnten Öffnungsklauseln des Art. 9 Abs. 2 DS-GVO wieder relativiert, die dem nationalen Gesetzgeber für die Datenverarbeitung im öffentlichen Interesse und für den Bereich des Gesundheitsdatenschutzes weitgehend einen Spielraum für Regelungen im nationalen Recht einräumen.[339]

Ausgehend von der zuvor erwähnten grundsätzlichen Entbehrlichkeit nationaler Umsetzungsakte für die DS-GVO ist nach allg. Ansicht ein

---

336 *Pabst*, in: Schwartmann/Pabst (Hrsg.), DSG NRW, § 5 Rn. 79 ff.
337 Vgl. *Pabst*, in: Schwartmann/Pabst (Hrsg.), DSG NRW, § 5 Rn. 80.
338 D. *Prütting*, RettG NRW, § 7a Rn. 4 mit Verweis auf LT-Drs. 16/6088 v. 18.6.2014, S. 34.
339 *Kühling/Raab*, in: Kühling/Buchner (Hrsg.), DS-GVO/BDSG, Einführung Rn. 2, 13 m.w.N.

Normwiederholungsverbot im nationalen Recht anerkannt.[340] Eine Ausnahme wird jedoch dann angenommen, wenn im betroffenen Mitgliedstaat das Regelungsziel der Verordnung erst durch das Zusammentreffen unionsrechtlicher und einzelstaatlicher Vorschriften sichergestellt werden kann. In solchen Fällen sind innerstaatliche Gesetze auch dann unionsrechtskonform, wenn sie im Interesse ihres inneren Zusammenhangs und ihrer Verständlichkeit für die Normadressaten bestimmte Aspekte der EU-Verordnungen wiederholen. Vor diesem Hintergrund kommt der Gesetzgeber des DSG NRW nicht umhin, an verschiedenen Stellen Inhalte der DS-GVO zu wiederholen, um den Inhalt der Durchführungsbestimmungen zu verdeutlichen.[341]

1. Personenbezogene Daten / Gesundheitsdaten

Wichtige Begriffsbestimmungen sind unmittelbar in der DS-GVO geregelt. Der Datenschutz knüpft zunächst an den Personenbezug der Daten an, vgl. Art. 2 Nr. 1 DS-GVO. Als personenbezogen gelten gem. Art. 4 Nr. 1 DS-GVO „alle Informationen, die sich auf eine identifizierte oder identifizierbare natürliche Person (…) beziehen".

Für Gesundheitsdaten enthält die DS-GVO in Art. 4 eigene Begriffsbestimmungen. Nach Art. 4 Nr. 15 DS-GVO sind Gesundheitsdaten „personenbezogene Daten, die sich auf die körperliche oder geistige Gesundheit einer natürlichen Person, einschließlich der Erbringung von Gesundheitsdienstleistungen, beziehen und aus denen Informationen über deren Gesundheitszustand[342] hervorgehen". Der Grund für die Sonderbehandlung von Gesundheitsdaten liegt in deren existenzieller Bedeutung für die Betroffenen.

Die im Rettungsdienst und somit auch beim Einsatz des Telenotarzt-Systems verwendeten Patientendaten informieren über den Gesundheitszustand und die übrigen für die Behandlung relevanten Fakten aus dem Le-

---

340 *Sydow*, in: ders. (Hrsg.), BDSG, Einleitung Rn. 13 ff. m.w.N.; *Hornung/Spiecker*, in: Simitis/Hornung/Spiecker (Hrsg.), Datenschutzrecht, Einleitung Rn. 233.
341 *Pabst*, in: Schwartmann/Pabst (Hrsg.), DSG NRW, § 1 Rn. 10.
342 Anknüpfungspunkt ist ausdrücklich der Gesundheitszustand, nicht die Krankheit einer Person. Daraus folgt, dass auch der Ablauf und Inhalt einer medizinischen Behandlung einschl. Medikation sowie auch die Feststellung, dass eine Person genesen oder gesund ist, erfasst werden, vgl. *Weichert*, in: Kühling/Buchner (Hrsg.), DS-GVO/BDSG, Art. 4 Rn. 1 m.w.N.

III. Maßgebliche datenschutzrechtliche Anforderungen für das Telenotarzt-System

ben des Patienten.³⁴³ Sie unterfallen somit den personenbezogenen Daten der besonderen Kategorie „Gesundheitsdaten".

2. Verarbeitung personenbezogener Daten einschl. Gesundheitsdaten

„Verarbeitung" ist ein zentraler, weit gefasster Begriff der DS-GVO, der alle datenschutzrechtlich relevanten Vorgänge in Bezug auf personenbezogene Daten umfasst. Die „Verarbeitung" ist Anknüpfungspunkt für Rechte betroffener Personen und Pflichten der Verantwortlichen und Auftragsverarbeiter sowie für die Überwachungstätigkeit der Aufsichtsbehörden. Sie erfasst nicht nur typische Datenverwendungen wie die Speicherung, Übermittlung oder die Veränderung der Daten, sondern auch sämtliche Formen des Umgangs mit personenbezogenen Daten von deren Erhebung bis zur endgültigen Vernichtung.³⁴⁴

Weder § 7a RettG NRW noch § 3 DSG NRW enthält Konkretisierungen zum Begriff der Datenverarbeitung oder seiner Beispiele, sodass hierzu die 26 Definitionen des Art. 4 Nr. 2 DS-GVO Anwendung finden.³⁴⁵ Nach § 7a Abs. 1 RettG NRW dürfen personenbezogene Daten verarbeitet werden, wenn dies für die Durchführung eines Einsatzes, die medizinische Versorgung des Patienten oder die Abrechnung eines Rettungseinsatzes erforderlich ist. Nach § 3 Abs. 1 DSG NRW ist allgemein die Verarbeitung personenbezogener Daten durch öffentliche Stellen des Landes (hier Rettungsdienstträger) zulässig, wenn sie für die Wahrnehmung einer im öffentlichen Interesse liegenden Aufgabe der verarbeitenden Stellen erforderlich ist oder wenn sie in Ausübung öffentlicher Gewalt erfolgt, die dem Verantwortlichen übertragen wurde. Nach § 3 Abs. 2 S. 1 DSG NRW soll die Datenverarbeitung so organisiert sein, dass bei der Verarbeitung, insb. bei der Übermittlung, der Kenntnisnahme im Rahmen der Aufgabenerfüllung und der Einsichtnahme, die Trennung der Daten nach den jeweils verfolgten Zwecken und nach unterschiedlichen Betroffenen möglich ist. Die Regelung nimmt dabei Rücksicht auf die mögliche Problemstellung, dass bei Datenverarbeitungen in der Praxis vor dem Hintergrund des Verarbei-

---

343 *Hermeler*, Rechtliche Rahmenbedingungen der Telemedizin, S. 62 f.
344 Dazu *Herbst*, in: Kühling/Buchner (Hrsg.), DS-GVO/BDSG, Art. 4 Nr. 2 DS-GVO Rn. 11 ff.; *Schild*, in: BeckOK-Datenschutzrecht, 35. Ed. 2021, Art. 4 Rn. 30 ff.
345 *Roßnagel*, in: Simitis/Hornung/Spiecker (Hrsg.), Datenschutzrecht, Art. 4 Nr. 2 Rn. 34.

tungszwecks nicht immer trennscharf zwischen erforderlichen und nichterforderlichen Daten unterschieden werden kann.[346]

Für die Implementierung des Telenotarzt-Systems sind insbesondere folgende Vorgänge der Verarbeitung personenbezogener Daten von Bedeutung:

Das „Erheben" bezeichnet das Beschaffen von Daten über eine betroffene Person. Dadurch erhält die erhebende Stelle Kenntnis von den betreffenden Daten oder begründet die Verfügungsmacht über die Daten.[347] Zu der objektiven Tatsache der Begründung der Verfügungsmöglichkeit über die betroffenen Daten muss ein aktives Handeln kommen, das von einem entsprechenden, der erhebenden Stelle zurechenbaren Willen der handelnden Person getragen wird.[348] Daraus ergibt sich für den rettungsdienstlichen Bereich, dass jedes Auskunftsersuchen seitens des Rettungsdienstpersonals oder auch die durchgeführten Untersuchungen selbst schon eine Datenerhebung darstellen. Anderes gilt nur, wenn Daten aus bereits vorhandenen Unterlagen zusammengestellt oder zusammengesucht werden („Auslesen" oder „Abfragen" von personenbezogenen Daten).[349]

Der Begriff „Erfassen" bzw. „Speichern" stellt die wichtigste Phase der Datenverarbeitung dar. Dies hängt sehr eng mit der Erhebung personenbezogener Daten zusammen und bezeichnet den technischen Vorgang und Zustand der Aufbewahrung der erhobenen Daten auf einem Datenträger zum Zweck ihrer weiteren Verarbeitung oder Nutzung.[350] Für die Speicherung ist es nicht erforderlich, dass der Verantwortliche die tatsächliche Sachherrschaft über den Datenträger hat. Datenträger kann dabei jedes Medium sein (u.a. auch Clouds oder entfernte Server, die sich nicht im Besitz des Verantwortlichen befinden), auf dem Daten lesbar festgehalten werden können. Entscheidend ist allein, dass der Verantwortliche Zugang zu den gespeicherten Informationen hat.[351] Danach ist im Rettungsdienst

---

346 *Schwartmann/Hermann/Mühlenbeck*, in: Schwartmann/Pabst (Hrsg.), DSG NRW, § 3 Rn. 1.
347 Vgl. *Roßnagel*, in: Simitis/Hornung/Spiecker (Hrsg.), Datenschutzrecht, Art. 4 Rn. 16.
348 *Herbst*, in: Kühling/Buchner (Hrsg.), DS-GVO/BDSG, Art. 4 Nr. 2 DS-GVO Rn. 21.
349 *Roßnagel*, in: Simitis/Hornung/Spiecker (Hrsg.), Datenschutzrecht, Art. 4 Nr. 2 Rn. 22 f.
350 *Roßnagel*, in: Simitis/Hornung/Spiecker (Hrsg.), Datenschutzrecht, Art. 4 Nr. 2 Rn. 19.
351 *Herbst*, in: Kühling/Buchner (Hrsg.), DS-GVO/BDSG, Art. 4 Nr. 2 DS-GVO Rn. 24.

III. Maßgebliche datenschutzrechtliche Anforderungen für das Telenotarzt-System

eine Speicherung, d.h. eine Verarbeitung unmittelbar personenbezogener Patientendaten, immer schon dann anzunehmen, wenn der Arzt oder Rettungsdienstmitarbeiter die Ergebnisse seiner Untersuchungen auf Tablets eingibt.[352] Aufgrund der Dokumentationspflicht ist sowohl der (Tele)Notarzt als auch der Notfallsanitäter bzw. Rettungsassistent nicht nur berechtigt, sondern verpflichtet, den gesamten Behandlungs- und Einsatzverlauf sorgfältig zu dokumentieren (vgl. § 7a RettG NRW),[353] sodass bereits dadurch eine Erhebung und Speicherung von personenbezogenen Daten vorliegt. Eine unvollständige Dokumentation kann im Arzthaftungsprozess beweisrechtliche Konsequenzen haben.[354]

Nach Art. 4 Nr. 2 DS-GVO handelt es sich bei der „Offenlegung durch Übermittlung, Verbreitung oder eine andere Form der Bereitstellung" von personenbezogenen Daten um einen Unterfall der Datenverarbeitung. Übermittlung bezeichnet die gezielte Weitergabe von Daten an einen oder mehrere Empfänger i.S.d. Art. 4 Nr. 9 DS-GVO.[355] Insbesondere bezüglich der Übermittlung und Bereitstellung der Daten ist zu beachten, dass die Übermittlung eine gezielte (aktive) Weitergabe („push") der betroffenen Daten darstellt. Die Bereitstellung von Daten geschieht hingegen passiv im Sinne einer Ermöglichung des Zugangs zu den Daten („pull") für einen größeren und unbestimmten Kreis von Empfängern (z.B. durch Ermöglichung einer Abfrage einer Datenbank, einer Website oder eines Internet-Forums).[356]

Die „Verwendung" (Nutzung) personenbezogener Daten stellt ebenfalls einen Unterfall der „Verarbeitung" dar. Die „Verwendung" wird als Auffangtatbestand verstanden, der alle nicht durch ein explizites Beispiel erfassten Vorgänge im Zusammenhang mit personenbezogenen Daten erfasst.[357]

---

352 Vgl. Ausführungen in Teil 2 II. 6.
353 Zur Dokumentationspflicht im Rettungsdienst *Katzenmeier/Schrag-Slavu*, Rechtsfragen des Einsatzes der Telemedizin im Rettungsdienst, S. 101 f.; D. *Prütting*, RettG NRW, § 7a Rn. 5 ff.; allg. zur ärztlichen Dokumentationspflicht vgl. BGHZ 72, 132 = NJW 1978, 2337; BGHZ 85, 327 = NJW 1983, 328; BGH NJW 1987, 1482.
354 BGH NJW 1993, 2375; 1994, 1596; 1999, 3408; *Katzenmeier*, Arzthaftung, S. 470 ff.
355 Vgl. *Roßnagel*, in: Simitis/Hornung/Spiecker (Hrsg.), Datenschutzrecht, Art. 4 Nr. 2 Rn. 26.
356 *Roßnagel*, in: Simitis/Hornung/Spiecker (Hrsg.), Datenschutzrecht, Art. 4 Nr. 2 Rn. 26 m.w.N.
357 *Herbst*, in: Kühling/Buchner (Hrsg.), DS-GVO/BDSG, Art. 4 Nr. 2 DS-GVO Rn. 28.

3. Rechtmäßigkeit der Datenverarbeitung / Erlaubnistatbestände, Art. 6 DS-GVO

a. Allgemeines zu den Rechtmäßigkeitsvoraussetzungen

Der Datenschutz wird auch im Rettungsdienst maßgeblich von der verfassungsrechtlichen Wertung und Anerkennung des Rechts auf informationelle Selbstbestimmung geprägt, sodass an die Rechtfertigung eines solchen Eingriffs hohe Anforderungen zu stellen sind.[358] Art. 6 DS-GVO enthält für eine Verarbeitung personenbezogener Daten ein generelles Verbot mit Erlaubnisvorbehalt,[359] ebenso das BDSG[360] und alle Datenschutzgesetze der Bundesländer einschließlich DSG NRW. Art. 9 formuliert gegenüber Art. 6 DS-GVO erhöhte Rechtmäßigkeitsvoraussetzungen. Da bei sensitiven Daten die Eingriffsintensität regelmäßig höher ist, sind in diesem Bereich engere Eingriffsvoraussetzungen geboten.[361] Insoweit gilt, dass neben einem Ausnahmetatbestand nach Art. 9 Abs. 2 stets auch ein Rechtmäßigkeitsgrund i.S.d. Art. 6 DS-GVO erforderlich ist. Dies bedeutet, dass es zu einer normativen Überlagerung von Art. 6 durch Art. 9 DS-GVO als lex specialis mit Sperrwirkung kommt, nicht aber zu einer Verdrängung.[362] Die Verarbeitung von Gesundheitsdaten ist folglich nur dann rechtmäßig, wenn sie auf einer zulässigen Rechtsgrundlage beruht.[363]

---

358 BVerfGE 65, 1, 43 = NJW 1984, 419, 422; *Weichert*, ZD 2013, 251.
359 Grundgedanke ist dabei, dass für den Betroffenen nachvollziehbar sein muss, unter welchen Bedingungen die Verarbeitung seiner Daten überhaupt möglich ist, vgl. *Albrecht*, in: Simitis/Hornung/Spiecker (Hrsg.), Datenschutzrecht, Art. 6 Rn. 1 ff. Zur Kritik am Verbotsprinzip *Buchner/Petri*, in: Kühling/Buchner (Hrsg.), DS-GVO/BDSG, Art. 6 DS-GVO Rn. 14; *Albers/Veit*, in: BeckOK-Datenschutzrecht, 35. Ed. 2021, Art. 6 Rn. 11 f.
360 Vgl. § 3 BDSG.
361 Zu den gesteigerten Rechtmäßigkeitsanforderungen des Art. 9 Abs. 2 DS-GVO s. *Weichert*, in: Kühling/Buchner (Hrsg.), DS-GVO/BDSG, Art. 9 DS-GVO Rn. 4; *ders.*, DuD 2017, 538, 540.
362 *Albers/Veit*, in: BeckOK-Datenschutzrecht, 35. Ed. 2021, Art. 9 Rn. 24; *Weichert*, in: Kühling/Buchner (Hrsg.), DS-GVO/BDSG, Art. 9 DS-GVO Rn. 4.
363 Nach Erwägungsgrund 52 der DS-GVO soll die Verarbeitung von Gesundheitsdaten insb. dann zulässig sein, wenn sie für die Gewährleistung der öffentlichen Gesundheit und Verwaltung der Gesundheitsversorgung notwendig ist, vgl. *Weichert*, in: *Kühling/Buchner*, DS-GVO/BDSG, Art. 9 Rn. 43-131 m.w.N. Im Anwendungsbereich des BDSG wird Art. 9 DS-GVO aufgrund von Öffnungsklauseln durch § 22 BDSG ergänzt, vgl. BT-Drs. 18/11325 v. 24.2.2017, S. 94; *Heckmann/Scheurer*, in: Gola/Heckmann (Hrsg.), BDSG, § 22 Rn. 6.

III. Maßgebliche datenschutzrechtliche Anforderungen für das Telenotarzt-System

In Art. 6 Abs. 1, und speziell für die Verarbeitung von Gesundheitsdaten in Art. 9 Abs. 2 DS-GVO, auf Landesebene ergänzt durch § 16 DSG NRW, sind die möglichen gesetzlichen Erlaubnistatbestände aufgezählt: Einwilligung der betroffenen Person; Vertragserfüllung und vorvertragliche Maßnahmen; Erfüllung einer rechtlichen Verpflichtung; Schutz lebenswichtiger Interessen; Wahrnehmung einer Aufgabe im öffentlichen Interesse oder in Ausübung öffentlicher Gewalt; überwiegende Interessen des Verantwortlichen oder Dritter. Die Tatbestände des Art. 6 Abs. 1 DS-GVO sind zwar abschließend, jedoch im systematischen Zusammenhang mit den Abs. 2, 3 und 4 DS-GVO zu betrachten und stehen unter dem Vorbehalt der Erforderlichkeit.[364] D.h., ein Eingriff ist nur dann zulässig, wenn der Betroffene eingewilligt hat oder die Verarbeitung durch eine sie deckende Rechtsvorschrift legitimiert ist.[365] Damit orientiert sich das Datenschutzrecht an verfassungsrechtlichen Vorgaben. Zentrale Grundsätze sind Zweckbindung, Datensparsamkeit, Einwilligung und Transparenz.

Nach Art. 9 Abs. 1 DS-GVO ist die Verarbeitung sensibler Daten einschl. Gesundheitsdaten grundsätzlich untersagt.[366] Erwägungsgrund Nr. 51 zur DS-GVO führt zum Verarbeitungsverbot besonderer Datenarten aus, dass sie ihrem Wesen nach hinsichtlich der Grundrechte und Grundfreiheiten besonders sensibel sind. Im Zusammenhang mit ihrer Verarbeitung können erhebliche Risiken für die Grundrechte und Grundfreiheiten auftreten, sodass sie einen besonderen Schutz verdienen.[367] Allerdings kennt diese Bestimmung eine Reihe von Ausnahmen, diese sind ihrerseits restriktiv auszulegen.[368]

---

364 *Albers/Veit*, in: BeckOK-Datenschutzrecht, 35. Ed. 2021, Art. 6 Rn. 15 f.; *Schantz*, in: Simitis/Hornung/Spiecker (Hrsg.), Datenschutzrecht, Art. 6 Abs. 1 Rn. 1 ff.
365 Eingriffe in das Recht auf informationelle Selbstbestimmung können durch jede materielle Rechtsnorm gerechtfertigt sein, d.h. durch Unions- oder mitgliedstaatliches Recht, z.B. durch ein Bundes- oder Landesgesetz, durch eine Rechtsverordnung oder eine kommunale Satzung, vgl. *Buchner/Petri*, in: Kühling/Buchner (Hrsg.), DS-GVO/BDSG, Art. 6 DS-GVO Rn. 83 ff.
366 Vgl. allgemein zur Kategorie „sensitive Daten" *Weichert*, in: Kühling/Buchner (Hrsg.), DS-GVO/BDSG, Art. 9 DS-GVO Rn. 13 ff.; *Albers/Veit*, in: BeckOK-Datenschutzrecht, 35. Ed. 2021, Art. 9 Rn. 77.
367 *Albers/Veit*, in: BeckOK-Datenschutzrecht, 35. Ed. 2021, Art. 9 Rn. 6; vgl. auch ABl. EG Nr. C 311 vom 27.11.1992, S. 18.
368 *Weichert*, in: Kühling/Buchner (Hrsg.), DS-GVO/BDSG, Art. 9 DS-GVO Rn. 43 ff.

b. Einzelne Rechtmäßigkeitsvoraussetzungen

aa. Rechtfertigung durch Einwilligung

Gem. Art. 9 Abs. 2 lit. a) DS-GVO kann die Datenverarbeitung auf die ausdrückliche Einwilligung der betroffenen Person gestützt werden. „Einwilligung" bezeichnet „jede freiwillig für den bestimmten Fall, in informierter Weise und unmissverständlich abgegebene Willensbekundung in Form einer Erklärung oder einer sonstigen eindeutigen bestätigenden Handlung, mit der die betroffene Person zu verstehen gibt, dass sie mit der Verarbeitung der sie betreffenden personenbezogenen Daten einverstanden ist", vgl. Art. 4 Nr. 11 DS-GVO. Dabei ist hervorzuheben, dass die Einwilligung in eine ärztliche Behandlung noch keine Einwilligung in jede Form der Datenverarbeitung darstellt. Der Arzt muss dem Patienten eine beabsichtigte Übermittlung der Daten an Dritte derart mitteilen, dass der Betroffene eine im Wesentlichen zutreffende Vorstellung davon hat, worin er einwilligt. Ziel ist es sicherzustellen, dass der Patient die Bedeutung und Tragweite seiner Einwilligung selbst einschätzen kann.[369]

In diesem Zusammenhang sind auch die qualifizierten Anforderungen der Art. 7 DS-GVO an die Wirksamkeit der erteilten Einwilligung zu betonen. Diese muss zunächst vor der Datenerhebung vorliegen und auf Freiwilligkeit des Betroffenen beruhen, also ohne Zwang erfolgen.[370] Eine weitere zentrale Voraussetzung für eine wirksame Einwilligung ist deren Bestimmtheit. Dies folgt unmittelbar aus der Zweckbindung als tragendem Grundsatz des europäischen Datenschutzrechts.[371] Die Zweckbestimmung muss im Zuge der Einwilligungserteilung grundsätzlich so präzise wie möglich erfolgen, damit sichergestellt ist, dass personenbezogene Daten nicht für Zwecke verarbeitet werden, mit denen der Betroffene bei der Erhebung nicht gerechnet hat.[372] Die Information des Betroffenen über die

---

369 Vgl. *Klement*, in: Simitis/Hornung/Spiecker (Hrsg.), Datenschutzrecht, Art. 7 Rn. 72 ff.; vgl. auch die Ausführungen in Teil 2 II. 6.
370 Vgl. allgemein zum Zeitpunkt der Einwilligung *Buchner/Kühling*, in: Kühling/Buchner (Hrsg.), DS-GVO/BDSG, Art. 7 DS-GVO Rn. 30; s. auch *Buchner*, in: Rieger/Dahm/Katzenmeier/Stellpflug/Ziegler (Hrsg.), HK-AKM, Datenschutz, Nr. 1340 Rn. 40 ff.
371 *Buchner/Kühling*, in: Kühling/Buchner (Hrsg.), DS-GVO/BDSG, Art. 7 DS-GVO Rn. 61 ff.
372 *Buchner/Kühling*, in: Kühling/Buchner (Hrsg.), DS-GVO/BDSG, Art. 7 DS-GVO Rn. 61; *Schantz*, NJW 2016, 1841, 1844.

III. Maßgebliche datenschutzrechtliche Anforderungen für das Telenotarzt-System

Datenverarbeitung erfolgt nach Maßgabe der Art. 12 ff. DS-GVO.[373] Schließlich ist der Betroffene, soweit nach den Umständen des Einzelfalls erforderlich, auf die Möglichkeit des freien Widerrufs seiner Einwilligung[374] und die Folgen der Verweigerung der Einwilligung hinzuweisen.[375] Eine Einwilligung des Betroffenen in die Verarbeitung seiner Daten ist unwirksam, wenn sie in einer gegen Treu und Glauben verstoßenden Weise eingeholt oder unter Androhung von Nachteilen abgegeben wurde.[376] So wenn beim Notfallpatienten der Eindruck erweckt wird, dass ihm lediglich die Möglichkeit verbleibt, in die telemedizinische Behandlung einzuwilligen, ihm ansonsten keine ärztliche Behandlung zuteil kommt (Zwangssituation).[377]

Diese Aspekte müssen auch in der Notfallrettung berücksichtigt werden, auch wenn Notfallpatienten vornehmlich das Ziel der Erhaltung von Leben und Gesundheit vor Augen haben und weniger auf ihre personenbezogenen Daten achten.[378] Bei rettungsdienstlichen Einsätzen ist allerdings eine Kontrolle der Entscheidungsfreiheit und Wirksamkeit der Patienteneinwilligung kaum möglich. In der Regel muss der Betroffene in die Erhebung und Verarbeitung seiner Daten einwilligen, um überhaupt eine medizinische Leistung zu erhalten, die für ihn unentbehrlich ist.[379] Insbesondere in der präklinischen Notfallmedizin ist auch stets das psychologische Element zu beachten, dass viele Patienten ihren Ärzten ohne Bedenken vertrauen, wenn diese sie auffordern, in die Behandlung einzuwilligen.[380]

Aufgrund der Besonderheiten der präklinischen Notfallmedizin kann für die Zulässigkeit einer Datenverarbeitung in Grenzen auch eine konklu-

---

373 Ausführlich hierzu *Bäcker*, in: Kühling/Buchner (Hrsg.), DS-GVO/BDSG, Art. 12 bis 15 DS-GVO.
374 *Schild*, in: BeckOK-Datenschutzrecht, 35. Ed. 2021, Art. 4 Rn. 126 ff.; *Tinnefeld/Conrad*, ZD 2018, 391, 394.
375 *Buchner/Kühling*, in: Kühling/Buchner (Hrsg.), DS-GVO/BDSG, Art. 7 DS-GVO Rn. 4 f.; *Klement*, in: Simitis/Hornung/Spiecker (Hrsg.), Datenschutzrecht, Art. 8 Rn. 10 f.; *Tinnefeld/Conrad*, ZD 2018, 391, 394.
376 *Klement*, in: Simitis/Hornung/Spiecker (Hrsg.), Datenschutzrecht, Art. 7 Rn. 80; *Hermeler*, Rechtliche Rahmenbedingungen der Telemedizin, S. 162 ff.; *Tinnefeld/Conrad*, ZD 2018, 391, 392.
377 Vgl. *Buchner*, in: Rieger/Dahm/Katzenmeier/Stellpflug/Ziegler (Hrsg.), HK-AKM, Datenschutz, Nr. 1340 Rn. 41 f.
378 Vgl. auch BSGE 102, 134 = MedR 2009, 685, 690.
379 *Petri*, in: Simitis/Hornung/Spiecker (Hrsg.), Datenschutzrecht, Art. 9 Rn. 68 ff., 72.
380 Vgl. *Hermeler*, Rechtliche Rahmenbedingungen der Telemedizin, S. 162 ff.

dente (stillschweigende) Einwilligung als Legitimation ausreichen.[381] Eine schriftliche Einwilligung in die Datenverarbeitung, wie sie das BDSG a.F. in §§ 4, 4a Abs. 1 S. 3 vorsah, ist nach der DS-GVO nicht erforderlich, allerdings insb. aus beweisrechtlichen Gründen weiterhin sinnvoll.[382] § 16 Abs. 2 DSG NRW statuiert ein Schriftformerfordernis für die Einwilligung der betroffenen Person speziell für die Verarbeitung von Gesundheitsdaten und genetischen oder biometrischen Daten im Falle des Art. 9 Abs. 2 lit. a) DS-GVO.

bb. Schutz lebenswichtiger Interessen bei Einwilligungsunfähigkeit

Vom Verarbeitungsverbot personenbezogener Daten besteht nach Art. 9 Abs. 2 lit. c) DS-GVO eine Ausnahme „zum Schutz lebenswichtiger Interessen", wenn „die betroffene Person aus körperlichen oder rechtlichen Gründen außerstande (ist), ihre Einwilligung zu geben".[383] Lebenswichtige (existenzielle) Interessen können bei einer Datenverarbeitung zur Abwehr von Gefahren für Leib und Leben bestehen.[384] Diese Voraussetzungen sind im Rettungsdienst regelmäßig gegeben. Zwar nennt die Vorschrift nur die beiden Voraussetzungen, dass die Verarbeitung lebenswichtigen Interessen dient und der Patient aus objektiven Gründen körperlicher oder rechtlicher Natur außerstande ist, in die Datenverarbeitung einzuwilligen. Lebenswichtige Interessen dürften jedoch vor allem im Bereich des Schutzes bei schweren Unfällen und vor lebensbedrohlichen Krankheiten liegen. Dieser Ausnahmetatbestand muss dahingehend ausgelegt werden, dass der betroffene Patient, wenn er könnte, die erforderliche Einwilligung auch erteilen würde (mutmaßliche Einwilligung).[385] Hiervon kann nur dann ausgegangen werden, wenn bei objektiver Würdigung der Situation die Einwilligung des Patienten in die Verarbeitung seiner Daten mit

---

381 *Weichert*, in: Kühling/Buchner (Hrsg.), DS-GVO/BDSG, Art. 9 DS-GVO Rn. 50 m.w.N.
382 *Katzenmeier*, in: Laufs/Katzenmeier/Lipp, Arztrecht, Kap. IX Rn. 78 m.w.N.
383 *Albers/Veit*, in: BeckOK-Datenschutzrecht, 35. Ed. 2021, Art. 9 Rn. 50; *Weichert*, in: Kühling/Buchner (Hrsg.), DS-GVO/BDSG, Art. 9 DS-GVO Rn. 62.
384 *Petri*, in: Simitis/Hornung/Spiecker (Hrsg.), Datenschutzrecht, Art. 9 Rn. 44 m.w.N.
385 Vgl. *Weichert*, in: Kühling/Buchner (Hrsg.), DS-GVO/BDSG, Art. 9 DS-GVO Rn. 66; vgl. auch die Ausführungen in Teil 2 II. 6.

an Sicherheit grenzender Wahrscheinlichkeit zu erwarten gewesen wäre.[386] Diese zusätzliche Voraussetzung darf allerdings nicht so weit gehen, dass eine ärztliche Behandlung unterbleibt, wenn die Verarbeitung sensibler Daten im lebenswichtigen Interesse des Betroffenen liegt, aber nicht zu klären ist, ob er auch die erforderliche ausdrückliche Einwilligung erteilen würde.[387]

cc. Versorgung im Gesundheitsbereich

Art. 9 Abs. 2 lit. h) DS-GVO erlaubt mitgliedstaatliche Regelungen zur Verarbeitung „für Zwecke der Gesundheitsvorsorge oder der Arbeitsmedizin, für die Beurteilung der Arbeitsfähigkeit des Beschäftigten, für die medizinische Diagnostik, die Versorgung oder Behandlung im Gesundheits- oder Sozialbereich oder für die Verwaltung von Systemen und Diensten im Gesundheits- oder Sozialbereich". Art. 9 Abs. 3 DS-GVO schränkt diesen sehr weit gefassten Tatbestand des Abs. 2 lit. h) ein, indem er bestimmt, dass die Verarbeitung der besonderen Kategorien personenbezogener Daten, einschl. Gesundheitsdaten dann möglich ist, wenn sie zu den in Abs. 2 lit. h) genannten Zwecken erforderlich ist und „die Verarbeitung dieser Daten von Fachpersonal oder unter dessen Verantwortung erfolgt und dieses Fachpersonal nach dem Unionsrecht oder dem Recht eines Mitgliedstaats oder den Vorschriften nationaler zuständiger Stellen dem Berufsgeheimnis unterliegt, oder wenn die Verarbeitung durch eine andere Person erfolgt, die ebenfalls nach dem Unionsrecht oder dem Recht eines Mitgliedstaats oder den Vorschriften nationaler zuständiger Stellen einer Geheimhaltungspflicht unterliegt". Diese Ausnahmevorschrift ermöglicht somit sowohl dem (Tele)Notarzt als auch dem übrigen Rettungsdienstpersonal die Verarbeitung von Patientendaten, da sie im Sinne dieser Vorschrift Träger des Berufsgeheimnisses sind, welches in Deutschland über die Berufsordnungen der Landesärztekammern und § 203 Abs. 1 StGB geschützt wird.[388] Darüber hinaus erlaubt Art. 9 Abs. 2 lit. i) DS-GVO mitgliedstaatliche Re-

---

386 BGHSt 35, 246 = NJW 1988, 2310 = MedR 1988, 248; *Giesen*, JZ 1988, 1031 mit Verweis auf BVerfGE 52, 131 = NJW 1979, 1925 = VersR 1979, 907; ähnlich auch BVerfG VersR 2002, 1405.
387 Vgl. *Weichert*, in: Kühling/Buchner (Hrsg.), DS-GVO/BDSG, Art. 9 DS-GVO Rn. 64 ff.
388 *Weichert*, in: Kühling/Buchner (Hrsg.), DS-GVO/BDSG, Art. 9 DS-GVO Rn. 138 ff.; *Albers/Veit*, in: BeckOK-Datenschutzrecht, 35. Ed. 2021, Art. 9 Rn. 80 u. 95.

gelungen zur Verarbeitung personenbezogener Daten „aus Gründen des öffentlichen Interesses im Bereich der öffentlichen Gesundheit, wie dem Schutz vor schwerwiegenden grenzüberschreitenden Gesundheitsgefahren oder zur Gewährleistung hoher Qualitäts- und Sicherheitsstandards bei der Gesundheitsversorgung und bei Arzneimitteln und Medizinprodukten".

Mit § 16 Abs. 2 DSG NRW hat der Landesgesetzgeber von dem durch Art. 9 DS-GVO eröffneten Regelungsspielraum Gebrauch gemacht und die Fälle konkretisiert, in denen die Verarbeitung besonderer Kategorien personenbezogener Daten, einschl. Gesundheitsdaten ohne die Einwilligung der betroffenen Person aus Gründen eines erheblichen öffentlichen Interesses zulässig ist.[389] § 16 DSG NRW verweist auf Art. 9 Abs. 1 DS-GVO, sodass die dort abschließende Aufzählung der besonderen Kategorien personenbezogener Daten maßgeblich ist. § 16 Abs. 1 Nr. 3 wiederholt fast wortgleich die Zwecksetzungen des Art. 9 Abs. 2 lit. h) und lit. i) DS-GVO.[390] Somit ist eine Datenverarbeitung stets dann erlaubt, wenn sie zur Erreichung der dort erwähnten Zwecke erforderlich ist.

Bezogen auf das Telenotarzt-System bedeutet dies, dass eine Datenübertragung an die TNA-Zentrale zulässig ist, soweit die übermittelnde Einrichtung (Rettungsdienstpersonal vor Ort im Auftrag des Rettungsdienstträgers) im Rahmen ihrer Zuständigkeit für den Rettungsdienst und somit zum Zwecke der medizinischen Diagnostik tätig wird. So ist die geplante Erhebung der Patientendaten im Telenotarzt-System sowie die kurzzeitige Speicherung (aktuell für 7 Tage) datenschutzrechtlich unbedenklich, solange die Durchführung telemedizinischer Anwendungen zur medizinischen Diagnostik und Behandlung erforderlich ist. Doch aus dem Gebot der Erforderlichkeit folgt, dass der Arzt auch in Notfällen eine Nutzen-Risiko-Abwägung hinsichtlich der telemedizinischen Datenübertragung vorzunehmen hat.[391]

Bei der Bestimmung des genauen Zeitraums für die Speicherung der Einsatzdaten wird empfohlen, sich an der Praxis der jeweiligen Rettungs-

---

389 *Schwartmann/Mühlenbeck*, in: Schwartmann/Pabst (Hrsg.), DSG NRW, § 16 Rn. 3 f.
390 *Schwartmann/Mühlenbeck*, in: Schwartmann/Pabst (Hrsg.), DSG NRW, § 16 Rn. 2 ff. Zur ähnlichen Regelung in § 22 Abs. 1 Nr. 1 lit. b) und lit. c) BDSG vgl. *Petri*, in: Simitis/Hornung/Spiecker (Hrsg.), Datenschutzrecht, Art. 9 Rn. 40; *Kühling*, NJW 2017, 1985, 1987 f.
391 Vgl. *Katzenmeier/Schrag-Slavu*, Rechtsfragen des Einsatzes der Telemedizin im Rettungsdienst, S. 136 m.w.N.; vgl. auch *Jandt*, in: Kühling/Buchner (Hrsg.), DS-GVO/BDSG, Art. 32 DS-GVO Rn. 63; *Schwartmann/Mühlenbeck*, in: Schwartmann/Pabst (Hrsg.), DSG NRW, § 16 Rn. 18.

III. Maßgebliche datenschutzrechtliche Anforderungen für das Telenotarzt-System

leitstelle zu orientieren. Im Telenotarzt-System der Stadt Aachen werden derzeit sämtliche vom Telenotarzt erhobenen Daten innerhalb des TNA-Systems in redundanten Datenbanken gespeichert. Der Serverstandort befindet sich in Deutschland. Kryptographisch ist das System so konfiguriert, dass die Datenbankenträger selbst mit einem symmetrischen Schlüssel verschlüsselt sind. Darüber hinaus werden sensible Daten wie Patientenstammdaten unter Verwendung eines private-public-Key Verfahrens inhaltsverschlüsselt in der Datenbank abgelegt. Darüber hinaus werden sämtliche geführten Gespräche aufgezeichnet und ebenfalls asymmetrisch verschlüsselt abgelegt und, wenn durch den ÄLRD nicht beantragt, automatisch nach einem definierten Zeitraum von 7 Tagen aus dem System gelöscht.[392]

Wie bereits aufgezeigt, kann auch in der präklinischen Notfallmedizin für die Zulässigkeit einer Datenverarbeitung in engen Grenzen weiterhin auf die übliche konkludente (stillschweigende) Einwilligung zurückgegriffen werden.[393] Zudem bedarf es gem. Art. 9 Abs. 2 lit. h), Abs. 3 DS-GVO keiner ausdrücklichen Einwilligung, wenn die Erhebung für medizinische Zwecke erforderlich ist und der Datenerhebende Geheimhaltungspflichten i.S.d. § 203 StGB unterliegt.[394] Bei der Anwendung des Telenotarzt-Systems bleibt es Aufgabe des Personals vor Ort über die Erforderlichkeit der Einschaltung der TNA-Zentrale zu entscheiden, die mit Verarbeitung personenbezogener Daten verbunden ist. Wird die Anwendung der telematischen Beratung im Einzelfall zur medizinischen Diagnostik und unmittelbaren Behandlung als notwendig qualifiziert und somit für den Heilerfolg für erforderlich gehalten, so kann in engen Grenzen auch eine konkludente Einwilligung als Legitimation ausreichen.[395] Problematisch bleibt in

---

392 Eine Speicherung der Patientendaten für 7 Tage und deren anschließende standardmäßige Löschung ist nach hier vertretener Rechtsauffassung datenschutzrechtlich zulässig. Sollten nach 7 Tagen die Patientendaten für wissenschaftliche Zwecke weiterhin erhalten bleiben, dann sind sie zu anonymisieren. Alternativ kann die Einwilligung des Patienten zur Verarbeitung oder Nutzung seiner Daten für wissenschaftliche Forschung nachträglich eingeholt werden.
393 Vgl. Ausführungen in Teil 5 III. 3. b. aa.
394 Ausführlich dazu *Weichert*, in: Kühling/Buchner (Hrsg.), DS-GVO/BDSG, Art. 9 DS-GVO Rn. 138 ff.; *Petri*, in: Simitis/Hornung/Spiecker (Hrsg.), Datenschutzrecht, Art. 9 Rn. 78 f.
395 Vgl. *Buchner*, Der NEUE Datenschutz im Gesundheitswesen, S. 60; *Weichert*, in: Kühling/Buchner (Hrsg.), DS-GVO/BDSG, Art. 9 DS-GVO Rn. 50 m.w.N.; vgl. auch *Gola/Schomerus*, BDSG a.F., § 13 Rn. 22; *Sokol*, in: Simitis (Hrsg.), 6. Aufl. 2006, BDSG a.F., § 13 Rn. 41; *Berg*, MedR 2004, 411, 414.

diesem Zusammenhang lediglich die Reichweite der (mutmaßlichen) Einwilligung eines Notfallpatienten.

4. Grundsatz der Datenminimierung, Art. 5 Abs. 1 lit. c) DS-GVO

Art. 5 DS-GVO normiert zentrale Grundsätze für die Verarbeitung personenbezogener Daten, dazu zählen Transparenz, Zweckbindung und Datensparsamkeit. Der „Grundsatz der Datenminimierung" in Abs. 1 lit. c) scheint auf den ersten Blick dem Einsatz der Telemedizin hinderlich, denn es liegt im Wesen der Telemedizin, dass im Vergleich zu einer herkömmlichen Arzt-Patienten-Behandlung eine erhöhte Datenübertragung erforderlich ist.[396] Dabei geht es grundsätzlich darum, die Verarbeitung personenbezogener Daten „dem Zweck angemessen und erheblich sowie auf das für die Zwecke der Verarbeitung notwendige Maß" zu beschränken. Dies bedeutet in der Praxis, dass vor jeder Datenerhebung sowie vor jedem Schritt der Verarbeitung geprüft werden muss, ob personenbezogene Daten überhaupt benötigt werden (Grundsatz der Erforderlichkeit).[397] Wird diese Frage bejaht, muss in einem zweiten Schritt geprüft werden, welche dieser personenbezogenen Daten zur Erreichung des konkret angestrebten Zwecks tatsächlich erforderlich sind (Grundsatz der Erheblichkeit und Zweckbindung nach Art. 5 Abs. 1 lit. b) DS-GVO).[398]

Jedoch kann gerade das Erforderlichkeitsprinzip[399] eine nicht zu unterschätzende Grenze für den telemedizinischen Bereich bilden. Ein unnötiges Eindringen in den Persönlichkeitsbereich und ein willkürliches Zusammentragen von Daten über eine Person zu einem umfassenden Persönlichkeitsbild wäre rechtswidrig. Auch die Tatsache, dass der Rettungsdienst in NRW öffentlich-rechtlich organisiert ist und die Rettungsdienstträger als öffentlich-rechtliche Stellen i.S.v. § 5 Abs. 1 S. 1 DSG NRW angesehen werden, führt zu keinem anderen Ergebnis. Denn auch hier gilt stets das

---

396 *Berg*, MedR 2004, 411, 413.
397 *Roßnagel*, in: Simitis/Hornung/Spiecker (Hrsg.), Datenschutzrecht, Art. 5 Rn. 116 u. 120; *Buchner/Petri*, in: Kühling/Buchner (Hrsg.), DS-GVO/BDSG, Art. 6 DS-GVO Rn. 15 m.w.N.; zu einer schutzgutorientierten Auslegung des Merkmals der Erforderlichkeit *Dochow*, MedR 2020, 348, 353 f.
398 *Herbst*, in: Kühling/Buchner (Hrsg.), DS-GVO/BDSG, Art. 5 DS-GVO Rn. 56 f.; *Roßnagel*, in: Simitis/Hornung/Spiecker (Hrsg.), Datenschutzrecht, Art. 5 Rn. 120 f.
399 Dazu *Buchner/Petri*, in: Kühling/Buchner (Hrsg.), DS-GVO/BDSG, Art. 6 DS-GVO Rn. 15 m.w.N.

III. Maßgebliche datenschutzrechtliche Anforderungen für das Telenotarzt-System

Kriterium der Erforderlichkeit, vgl. § 3 Abs. 1 DSG NRW sowie § 7a RettG NRW.

So ist die geplante Erhebung der Patientendaten im Telenotarzt-System sowie die kurzzeitige Speicherung (aktuell für 7 Tage)[400] datenschutzrechtlich nur insoweit unbedenklich, als die Durchführung telemedizinischer Anwendungen zur medizinischen Diagnostik und Behandlung erforderlich ist, vgl. § 16 Abs. 1 Nr. 3 DSG NRW. Aus dem Gebot der Erforderlichkeit folgt, dass der Arzt auch in Notfällen eine Nutzen-Risiko-Abwägung hinsichtlich der telemedizinischen Datenübertragung vorzunehmen hat.[401]

Für telemedizinische Anwendungen ist schließlich stets zu bedenken, ob der Verarbeitungszweck auch dann erreicht werden kann, wenn die Daten anonymisiert[402] oder pseudonymisiert[403] sind. Mit der Aufhebung des Personenbezugs mit Hilfe wirksamer Anonymisierungstechniken entfällt der Schutzbedarf, sodass die datenschutzrechtlichen Regelungen keine Anwendung mehr finden. Da telemedizinische Anwendungen sich grundsätzlich auch mit nicht personenbezogenen Patientendaten durchführen lassen, können zahlreiche Datenschutzprobleme aus dem Weg geräumt wer-

---

400 Vgl. Ausführungen in Fn. 392.
401 Vgl. *Katzenmeier/Schrag-Slavu*, Rechtsfragen des Einsatzes der Telemedizin im Rettungsdienst, S. 136 m.w.N.; vgl. auch *Jandt*, in: Kühling/Buchner (Hrsg.), DS-GVO/BDSG, Art. 32 DS-GVO Rn. 63; *Schwartmann/Mühlenbeck*, in: Schwartmann/Pabst (Hrsg.), DSG NRW, § 16 Rn. 18.
402 Nach § 4 DSG NRW bezeichnet das „Anonymisieren" das Verändern personenbezogener Daten dergestalt, „dass die Einzelangaben über persönliche oder sachliche Verhältnisse nicht mehr oder nur mit einem unverhältnismäßigen Aufwand an Zeit, Kosten und Arbeitskraft einer bestimmten oder bestimmbaren natürlichen Person zugeordnet werden können". Anders als § 3 Abs. 6 BDSG a.F. definiert die DS-GVO den Begriff des „Anonymisierens" nicht im Normtext. Art. 89 Abs. 1 DS-GVO bestätigt allerdings indirekt die Nichtanwendbarkeit der Verordnung auf die Verarbeitung anonymer Daten, vgl. *Karg*, in: Simitis/Hornung/Spiecker (Hrsg.), Datenschutzrecht, Art. 4 Nr. 1 Rn. 19 f.; *Hofmann/Johannes*, ZD 2017, 221, 223.
403 In Art. 4 Nr. 5 DS-GVO und § 46 Nr. 5 BDSG wird das „Pseudonymisieren" als Verarbeitung personenbezogener Daten in einer Weise definiert, „in der die Daten ohne Hinzuziehung zusätzlicher Informationen nicht mehr einer spezifischen betroffenen Person zugeordnet werden können". Pseudonymisierung setzt im Unterschied zur Anonymisierung immer eine Zuordnungsregel oder -funktion voraus, aus der sich die Zuordnung des Kennzeichens zu einer bestimmten Person ergibt, vgl. *Schulz*, in: Gola/Heckmann (Hrsg.), BDSG, § 46 Rn. 35 ff.

den.[404] Soweit der Verarbeitungszweck auch mit anonymisierten Daten erreicht werden kann, wäre eine Verarbeitung nicht-anonymisierter Daten ein Verstoß gegen den Grundsatz der Datenminimierung, weil eine solche Verarbeitung nicht „auf das notwendige Maß beschränkt" wäre.[405] Praktisch bedeutet dies, dass schon vor jeder Datenerhebung ebenso wie vor jedem Schritt der Verarbeitung und Nutzung geprüft werden muss, ob überhaupt personenbezogene Daten benötigt werden. Wird dies bejaht, ist weiter zu prüfen, welche dieser Daten zur Erreichung des konkreten Zwecks tatsächlich erforderlich sind.[406]

Anders ist die Situation zu beurteilen, wenn lediglich Pseudonymisierungstechniken verwendet werden. Denn pseudonymisierte Daten lassen den Personenbezug nicht entfallen, wodurch die DS-GVO weiterhin anwendbar bleibt.[407] Es bleibt Aufgabe der Rechtsprechung, über die Erforderlichkeit und die Voraussetzungen einer Übertragung von bestimmten oder bestimmbaren Patientendaten vom Notfallort zur TNA-Zentrale zu entscheiden.

5. Datensicherheit, Art. 32 DS-GVO

Während der Datenschutz das Ziel verfolgt, den Betroffenen vor einer Verletzung seines allgemeinen Persönlichkeitsrechts beim Umgang mit seinen personenbezogenen Daten zu schützen, zielt die Datensicherheit darauf ab, dass es nicht zur Vernichtung oder Veränderung, zum Verlust oder zur unbefugten Offenlegung von bzw. zum unbefugten Zugang zu personenbezogenen Daten kommt, Art. 32 DS-GVO.[408] Nach dieser Vorschrift sind die datenverarbeitenden Stellen verpflichtet, technische und organisatorische Maßnahmen zur Datensicherheit und Vertraulichkeit zu gewährleis-

---

404 Vgl. *Katzenmeier/Schrag-Slavu*, Rechtsfragen des Einsatzes der Telemedizin im Rettungsdienst, S. 131 f.
405 *Herbst*, in: Kühling/Buchner (Hrsg.), DS-GVO/BDSG, Art. 5 DS-GVO Rn. 58.
406 *Sokol*, in: Simitis (Hrsg.), 6. Aufl. 2006, BDSG a.F., § 13 Rn. 25 ff.; *Berg*, MedR 2004, 411, 412.
407 Vgl. bereits Erwägungsgrund 26 S. 2; EuGH Urt. v. 19.10.2016 – C-582/14 Rn. 31 ff. ZD 2017, 24 m. Anm. *Kühling/Klar* = NJW 2016, 3579 m. Anm. *Mantz/Spittka*; vgl. auch *Schild*, in: BeckOK-Datenschutzrecht, 35. Ed. 2021, Art. 4 Rn. 78; *Klar/Kühling*, in: ders./Buchner (Hrsg.), DS-GVO/BDSG, Art. 4 Nr. 5 DS-GVO Rn. 11 f.
408 Ausführlich hierzu *Hansen*, in: Simitis/Hornung/Spiecker (Hrsg.), Datenschutzrecht, Art. 32.

III. Maßgebliche datenschutzrechtliche Anforderungen für das Telenotarzt-System

ten. Das bedeutet, dass ein ausreichender Schutz vor unbefugtem Zugriff, insbesondere während des Datentransfers (z.B. über VPN, Punkt-zu-Punkt-Verschlüsselung oder Nutzung geschlossener Netze) sichergestellt werden muss. Die Kommunikation zwischen den Beteiligten muss so erfolgen, dass der unbeabsichtigte Versand an Dritte ausgeschlossen wird. Art. 32 Abs. 1 lit. a) DS-GVO nennt in diesem Zusammenhang ausdrücklich die Pseudonymisierung und Verschlüsselung[409] personenbezogener Daten. Dabei ist zu berücksichtigen, dass die verwendeten Verschlüsselungsverfahren dem Stand der Technik entsprechen müssen.[410]

Hinsichtlich sämtlicher technischer Maßnahmen zur Datensicherheit gilt allerdings die Einschränkung, dass diese stets nur dann eingefordert werden können, wenn ihr Aufwand in einem angemessenen Verhältnis zu dem angestrebten Schutzzweck steht.[411]

Um den datenschutzrechtlichen Vorgaben gerecht zu werden, empfiehlt sich bei der Implementierung des Telenotarzt-Systems zunächst eine verschlüsselte Datenübertragung durch Codierung oder Kryptographie vom und zum Einsatzort sowie von der TNA-Zentrale in die aufnehmende Klinik. Darüber hinaus ist, wie bereits angesprochen, kein Verstoß gegen datenschutzrechtliche Vorgaben anzunehmen, wenn bei einer telemedizinischen Behandlung lediglich Daten oder Befunde ohne Identifikationsmerkmale, also ohne Namen, Anschrift, Alter oder Personenkennzeichen, übermittelt werden. In solchen Fällen ist eine Zuordnung der übermittelten Daten zu einem identifizierten oder identifizierbaren Patienten nicht möglich, sodass sie keine datenschutzrechtliche Relevanz mehr entfalten.[412] Für eventuelle Folgebehandlungen, die bei den Notfallpatienten geboten sein können und einen Zugriff auf die erhobenen Daten erfordern, empfiehlt es sich, bei der Implementierung des Telenotarzt-Systems für die gespeicherten Daten nach Abschluss des Einsatzes[413] Pseudonymisierungstechniken anzuwenden. Dabei ist maßgeblich, dass der Empfängerstelle, in

---

409 Vgl. *Jandt*, in: Kühling/Buchner (Hrsg.), DS-GVO/BDSG, Art. 32 DS-GVO Rn. 17 ff.
410 *Jandt*, in: Kühling/Buchner (Hrsg.), DS-GVO/BDSG, Art. 32 DS-GVO Rn. 21 m.w.N.
411 *Jandt*, in: Kühling/Buchner (Hrsg.), DS-GVO/BDSG, Art. 32 DS-GVO Rn. 7 ff.; *Hansen*, in: Simitis/ Hornung/Spiecker (Hrsg.), Datenschutzrecht, Art. 32 Rn. 30 ff.
412 Vgl. auch die Ausführungen in Teil 5 III. 4.
413 Im Telenotarzt-System der Stadt Aachen wird dem für den jeweiligen Rettungsdienstbereich zuständigen Telenotarzt derzeit Zugriff auf die Einsätze der letzten 12 Stunden gewährt, um Rückfragen durch Rettungsdienst/Klinik beant-

der Regel der TNA-Zentrale, die Zuordnungsregel unzugänglich ist, die den Personenbezug prinzipiell wiederherstellen kann.[414] Der Zuordnungsschlüssel könnte beispielsweise einem externen Datenschutzbeauftragten überlassen werden.

IV. Datenschutz und Schweigepflicht beim Einsatz des Telenotarzt-Systems

Das Patientengeheimnis wird berufs-, zivil- und strafrechtlich gegen die unbefugte Offenbarung und Verwertung geschützt.[415] Der Arzt darf personenbezogene Patientendaten nur im Rahmen der datenschutzrechtlichen Vorschriften und insbesondere nicht unbefugt i.S.d. § 203 StGB offenbaren. Der damit verbundene Schutzgedanke besteht darin, einem Menschen die Möglichkeit zu eröffnen, in einer individuellen Notsituation den Zugang zur Hilfe zu ermöglichen, ohne dadurch Nachteile befürchten zu müssen, weil Daten an fremde Dritte gelangen können.[416]

Wie dargelegt, kann sich eine Befugnis zur Offenbarung aus einer gesetzlichen Regelung (z.B. Infektionsschutzgesetz,[417] Gesundheitsdatenschutzgesetz oder Krebsregistergesetz des jeweiligen Landes[418]) oder einer speziellen Einwilligung des Patienten ergeben.

Auch wenn Schweigepflicht und Datenschutz Ähnlichkeiten besitzen, sind die beiden Rechtsinstitutionen zu unterscheiden. Während sich der Datenschutz auf den Umgang mit personenbezogenen Daten (u.a. Erheben, Erfassen, Speichern) bezieht,[419] ist die Schweigepflicht nicht nur auf

---

worten zu können. Sämtliche zum Zeitpunkt der Konsultation und bei späterer Einsatzwiedereröffnung dokumentierten Maßnahmen und Messwerte werden mit Zeitstempel und Benutzer dokumentiert.
414 *Jandt*, in: Kühling/Buchner (Hrsg.), DS-GVO/BDSG, Art. 32 DS-GVO Rn. 18.
415 Z.B. durch § 9 MBO-Ä, § 823 Abs. 2 BGB i.V.m. § 203 StGB. Prozessual ist die Schweigepflicht abgesichert durch bspw. § 383 Abs. 1 Nr. 6 ZPO oder § 53 Abs. 1 Nr. 3 StPO.
416 *Weichert*, in: Kühling/Buchner (Hrsg.), DS-GVO/BDSG, Art. 4 Nr. 15 DS-GVO Rn. 4.
417 Zu Grundrechtseinschränkungen in Zeiten der Corona-Pandemie *Katzenmeier*, MedR 2020, 461 ff.
418 Ausführliche Informationen auf der Internetseite der Gesellschaft der epidemiologischen Krebsregister in Deutschland e.V. abrufbar unter www.gekid.de.
419 Vgl. dazu Teil 5 III. 2.

IV. Datenschutz und Schweigepflicht beim Einsatz des Telenotarzt-Systems

datenschutzrechtlich relevante Vorgänge gerichtet.[420] Unabhängig von der Frage, ob es zwischen DS-GVO, welche nunmehr die relevanten datenschutzrechtlichen Regelungen enthält, und ärztlicher Schweigepflicht zu einer Normkollision kommen kann,[421] ist das Datenschutzrecht jedenfalls nicht dazu bestimmt, die berufsrechtlich geschützten und unter § 203 StGB fallenden Patientendaten einer leichteren Preisgabe zuzuführen.[422] Der Arzt hat stets die Geheimnisse seines Patienten zu wahren, die ärztliche Schweigepflicht kann nur in wenigen Ausnahmefällen durchbrochen werden.[423] Grundsätzlich ist dies nur möglich, wenn der Patient eingewilligt hat oder wichtige öffentliche Interessen vorliegen, die im Rahmen einer Erlaubnisvorschrift als solche anerkannt sind.[424]

Anders ist die Situation im Rettungsdienst zu beurteilen, wenn ein Notfallsanitäter bereits erhobene Patientendaten an den Notarzt weitergibt oder eine Verdachtsdiagnose gegenüber dem übernehmenden Klinikpersonal äußert. Bei der Weitergabe der Patientendaten an den mit- oder nachalarmierten Notarzt oder bei der Übergabe in einem Krankenhaus kann davon ausgegangen werden, dass der Patient mit der Weitergabe von behandlungsrelevanten Informationen einverstanden ist (mutmaßliche Einwilligung).[425]

Bezogen auf das Telenotarzt-System bedeutet dies, dass eine Übermittlung der Daten zwischen den mitbehandelnden (Tele)Notärzten zulässig ist, bzgl. derer es keiner Entbindung von der ärztlichen Schweigepflicht bedarf. Dies gilt auch für die Übermittlung der Patientendaten von der TNA-Zentrale an die aufnehmende Klinik. Diese muss bestimmt sein: Es ist berufs- und datenschutzrechtlich nicht erlaubt, dass die TNA-Zentrale

---

420 Zur unterschiedlichen Beurteilung des Verhältnisses der ärztlichen Schweigepflicht zum Datenschutzrecht *Katzenmeier*, in: Laufs/Katzenmeier/Lipp, Arztrecht, Kap. IX Rn. 79 m.w.N.
421 Dazu *Dochow*, MedR 2019, 363 f.; *Jandt*, in: Roßnagel, Das neue Datenschutzrecht, Rn. 368.
422 Vgl. *Katzenmeier*, in: Laufs/Katzenmeier/Lipp, Arztrecht, Kap. IX Rn. 79.
423 *Katzenmeier*, in: Laufs/Katzenmeier/Lipp, Arztrecht, Kap. IX Rn. 25 ff.; *Frahm/Walter*, Arzthaftungsrecht, Rn. 88 f.
424 *Buchner*, Der NEUE Datenschutz im Gesundheitswesen, S. 44 f. m.w.N.; *Katzenmeier/Schrag-Slavu*, Rechtsfragen des Einsatzes der Telemedizin im Rettungsdienst, S. 139 ff.; *Schurig*, in: Niederlag/Dierks/Rienhoff/Lemke (Hrsg.), Rechtliche Aspekte der Telemedizin, S. 41.
425 *Katzenmeier/Schrag-Slavu*, Rechtsfragen des Einsatzes der Telemedizin im Rettungsdienst, S. 140 m.w.N.

Teil 5. Datenschutzrechtliche Aspekte des Einsatzes des Telenotarzt-Systems

die Patientendaten an mehrere Kliniken mit der Anfrage nach Aufnahmekapazitäten versendet.[426]

---

[426] Vgl. *Katzenmeier/Schrag-Slavu*, Rechtsfragen des Einsatzes der Telemedizin im Rettungsdienst, S. 140 f. m.w.N.

Teil 6. Zusammenfassung der wesentlichen Ergebnisse

Durch das Telenotarzt-System lässt sich die Qualität der Notfallversorgung steigern. Neben einer Verbesserung der Patientenversorgung aufgrund der Möglichkeit einer kurzfristigen ärztlichen Intervention verspricht es wirtschaftliche Vorteile durch Einsparung von Ressourcen und Kosten. Das System ist grundsätzlich mit geltendem Recht vereinbar, doch müssen Bestimmungen aus verschiedenen Rechtsgebieten beachtet werden, damit der Einsatz im Einzelfall rechtmäßig ist.

I. Medizinrechtliche Fragestellungen

Der Einsatz des Telenotarzt-Systems entspricht den Bestimmungen des ärztlichen Standesrechts, ist insbesondere auch mit dem Grundsatz der persönlichen Leistungserbringungspflicht sowie der Regelung der Fernbehandlung vereinbar.[427] Die Umsetzung der Neuregelung der Fernbehandlung in § 7 Abs. 4 MBO-Ä durch die Ärztekammern bedeutet für die Implementierung des Telenotarzt-Systems einen Zugewinn an Rechtssicherheit. Musste bei den vorherigen Fassungen der Berufsordnungen die Vereinbarkeit des Telenotarzt-Systems mit dem Verbot der ausschließlichen Fernbehandlung noch über eine teleologische Reduktion der Norm mit der Notfallsituation und der fehlenden Möglichkeit der Herstellung eines persönlichen Arztkontakts als Ausnahme begründet werden, ergibt sich die grundsätzliche Zulässigkeit des Telenotarzt-Systems nun unmittelbar aus dem Wortlaut des § 7 Abs. 4 S. 3 der Berufsordnungen. Die Lockerung des Verbots ausschließlicher Fernbehandlung erleichtert somit den Einsatz des Telenotarzt-Systems. Allerdings ergeben sich aus den berufsrechtlichen Regelungen auch Anforderungen an den konkreten Einsatz des Telenotarztes. Eine ausschließliche teleärztliche Behandlung ist nunmehr im Einzelfall erlaubt, wenn dies ärztlich vertretbar ist, die erforderliche Sorgfalt gewahrt und der Patient auch über die Besonderheiten der Fernbehandlung aufgeklärt wird. Die Anwendung des Telenotarzt-Systems bedeutet gerade in den Fällen, in denen kein Arzt vor Ort anwesend ist, eine qualitative Verbesserung in der Notfallversorgung im Vergleich zum jetzigen

---

427 Vgl. Teil 2 II. 3.

Teil 6. Zusammenfassung der wesentlichen Ergebnisse

Status-quo, da die Notfallpatienten durch die telenotärztliche Unterstützung des nichtärztlichen Rettungsfachpersonals bei Diagnosestellung und Durchführung der Maßnahmen, zumindest ärztlich assistiert erstversorgt werden. Inwieweit die jeweilige telemedizinische Maßnahme im Einzelfall zulässig ist, muss anhand der Umstände des konkreten Falles beurteilt werden. Dabei sind insbesondere die bestehenden Sicherheitsvorkehrungen und die Qualifikation des Personals vor Ort von entscheidender Bedeutung.

Bzgl. der Befugnisse des nichtärztlichen Rettungsfachpersonals[428] hat der Bundesgesetzgeber den rechtlichen Rahmen für die Tätigkeit des Rettungsfachpersonals erneuert.[429] Zwar ist nach wie vor eine einheitliche und möglichst eindeutige Definition der Maßnahmen wünschenswert, die die Notfallsanitäter während des Einsatzes konkret anwenden dürfen, etwa in Form von verbindlichen Indikations- oder (Tele)Notarzteinsatzkatalogen, Leitlinien der wissenschaftlichen Fachgesellschaften oder Behandlungsalgorithmen für die Entscheidungskriterien, die bei der obligatorischen Hinzuziehung des (Tele)Notarztes in Abhängigkeit vom Patientenzustand und Interventionserfolg berücksichtigt werden müssen.[430] Mit dem NotSanG und der – im Vergleich zum Rettungsassistenten um ein Jahr verlängerten – dreijährigen Ausbildung zum Notfallsanitäter wurde jedoch dieser Berufsgruppe die höchste nicht ärztliche Qualifikation im Rettungswesen zugesprochen. Der Bundesgesetzgeber verfolgt dadurch das Ziel, den Anforderungen an ein zukunftsorientiertes, leistungsstarkes Rettungswesen, das an den Bedürfnissen der Hilfeersuchenden ausgerichtet ist, gerecht zu werden. Durch das jüngst beschlossene MTA-Reform-Gesetz und die Neuregelung im § 2a NotSanG wurde die bereits bestehende Rechtslage aufgegriffen, die sich in der weitreichenden Ausbildungszielbeschreibung in § 4 Abs. 2 Nr. 1 lit. c) NotSanG widerspiegelt, und Notfallsanitätern die Ausübung von heilkundlichen Maßnahmen in begrenztem Umfang erlaubt. Heilkundliche Tätigkeiten kann der Notfallsanitäter nunmehr eigenverantwortlich, d.h. unter Übernahme der vollständigen Haftungsverantwortung, in besonderen Einsatzsituationen oder außerhalb der Voraussetzungen des § 2a NotSanG im Rahmen der Notkompetenz durchführen. Die Möglichkeit der kurzfristigen ärztlichen Intervention durch den Telenotarzt kann dabei die Notwendigkeit des Ergreifens von Not-

---

428 Vgl. Teil 2 II. 4.
429 Zur Rechtslage im Jahr 2009 vgl. *Katzenmeier/Schrag-Slavu*, Rechtsfragen des Einsatzes der Telemedizin im Rettungsdienst, 2010.
430 Vgl. Teil 2 II. 5.

kompetenzmaßnahmen reduzieren. In diesem Zusammenhang wird die Verfügbarkeit telemedizinischer Leistungen, wie sie das neue Telenotarzt-System bietet, eine zunehmend wichtige Rolle spielen.

II. Haftungsrechtliche Fragestellungen

Das Rettungswesen gehört als staatliche Aufgabe der Gefahrenabwehr und Gesundheitsversorgung zu den Angelegenheiten der Länder. Behandlungsfehler der am Rettungsdienst Beteiligten sind folglich nach den Grundsätzen der Amtshaftung gem. § 839 Abs. 1 S. 1 BGB i.V.m. Art. 34 S. 1 GG zu beurteilen.[431] Als Konsequenz der Haftungsüberleitung gem. Art. 34 GG konzentriert sich die Haftung für Schäden der Notfallpatienten, die durch fehlerhaftes Handeln des ärztlichen oder nichtärztlichen Personals verursacht wurden, somit bei dem jeweiligen Rettungsdienstträger. Soweit ein Notarzt vor Ort ist, wird der Telenotarzt lediglich konsiliarisch tätig, sodass die Haftungsgrundsätze für ein Konsilium entsprechend gelten. Bei Abwesenheit eines Notarztes ist der Telenotarzt der rechtlich Hauptverantwortliche für das Geschehen an der Einsatzstelle und haftet als solcher.[432] Diese haftungsrechtlichen Grundsätze haben sich nicht verändert,[433] auch nicht mit Blick auf das höhere Qualifizierungsniveau der Notfallsanitäterausbildung, da damit keine weiteren Kompetenzen für diese einhergehen, die gegebenenfalls eine Alleinverantwortlichkeit für Teilbereiche an der Einsatzstelle bei Beteiligung eines Telenotarztes begründen könnten.[434]

Bei einem Einsatz des Telenotarzt-Systems sind hohe Anforderungen an die Qualität der eingesetzten Technik wie auch an die dem Behandlungsverlauf zugrunde liegenden organisatorischen Abläufe zu stellen, um auf organisatorischen Versäumnissen beruhende Behandlungsfehler auszuschließen.[435] Die Rechtsprechung statuiert weiterreichende Organisationspflichten, deren Verletzung zu einer Haftung des Rettungsdienstträgers führen kann. Im Vordergrund stehen die Überwachung und regelmäßige Schulung des eingesetzten Personals und die Organisation der einzelnen Betriebsabläufe in Diagnostik und Therapie in einer Art und Weise, dass

---

431 Vgl. Teil 3 II. u. III.
432 Vgl. Teil 3 II. 3.
433 Zur Rechtslage im Jahr 2009 s. *Katzenmeier/Schrag-Slavu*, Rechtsfragen des Einsatzes der Telemedizin im Rettungsdienst, 2010.
434 Vgl. Teil 2 II. 4.
435 Vgl. Teil 3 IV.

Gefährdungen der Notfallpatienten ausgeschlossen sind. Schließlich gehört auch die regelmäßige Wartung und Überprüfung der Geräte zu den wesentlichen Organisationspflichten; Fehler in der Datenübermittlung gilt es zu vermeiden.[436] Wer schließlich welche Pflichten beim Einsatz des Telenotarzt-Systems einzuhalten hat, hängt von der organisatorischen Einbindung der TNA-Zentrale und der Telenotärzte in den rettungsdienstlichen Betrieb ab.

Medizinische Behandlungsmaßnahmen bedürfen grundsätzlich der Einwilligung des Patienten. Diese ist nur dann wirksam, wenn der Patient rechtzeitig vor der Behandlung aufgeklärt wurde oder aber ausdrücklich auf eine Aufklärung verzichtet hat. Das gilt auch in der präklinischen Notfallmedizin. Grundsätzlich ist der Patient dabei auch über den Einsatz des Telenotarzt-Systems aufzuklären.[437] Situationsbedingt können die Anforderungen an die Aufklärung im Rettungseinsatz gegebenenfalls reduziert sein. Im Einzelfall kann das Erfordernis zur Aufklärung sogar ganz entfallen, z.B. bei besonderer Dringlichkeit der rettungsdienstlichen Maßnahmen.

Neben der ausdrücklichen Einwilligung ist auch eine konkludente Einwilligung durch schlüssiges Verhalten des Patienten möglich, das allerdings als solches erkennbar und eindeutig sein muss. Kann die Einwilligung des Patienten nicht oder nicht rechtzeitig eingeholt werden, etwa weil der Patient nicht ansprechbar ist, kann nur noch auf die mutmaßliche Einwilligung abgestellt werden. Von einer solchen kann ausgegangen werden, wenn bei objektiver Würdigung des Einzelfalls die Einwilligung des Patienten in seine Behandlung zu erwarten gewesen wäre. Die mutmaßliche Einwilligung reicht somit bei lebens- und gesundheitserhaltenden Notfallbehandlungen aus, wenn ärztliches Nichthandeln zu schweren Gesundheitsschäden führen würde und ein gegenteiliger und im einwilligungsfähigen Zustand erklärter Wille nicht ersichtlich ist.[438]

III. Medizinprodukterecht

Im Telenotarzt-System kommen ein oder mehrere Medizinprodukte zum Einsatz.[439] Diese dürfen nur in den Verkehr gebracht oder in den Betrieb

---

436 Vgl. Teil 3 IV.
437 Vgl. die Ausführungen in Teil 2 II. 6.
438 Vgl. Teil 2 II. 6.
439 Vgl. Teil 4 II.

III. Medizinprodukterecht

genommen werden, wenn in einem Konformitätsbewertungsverfahren die Einhaltung der Qualitäts- und Sicherheitsanforderungen des Medizinprodukterechts belegt und das Produkt zur Bestätigung der Konformität mit einer CE-Kennzeichnung versehen wurde.[440] Erfüllt das Produkt die Voraussetzungen, kann es als Teil des Telenotarzt-Systems verwendet werden.[441]

Die Anforderungen an den Betrieb und die Anwendung der Medizinprodukte regelt die MPBetreibV. Diese richtet sich bei dem Telenotarzt-System an die Rettungsdienstträger als Betreiber im Sinne des § 2 Abs. 2 MPBetreibV und an das Rettungsdienstpersonal als Anwender nach § 2 Abs. 3 MPBetreibV.[442] Gemäß § 4 Abs. 4 MPBetreibV dürfen miteinander verbundene Medizinprodukte sowie mit Zubehör einschließlich Software oder mit anderen Gegenständen verbundene Medizinprodukte nur dann eingesetzt werden, wenn die Einzelkomponenten unter Berücksichtigung ihrer Zweckbestimmung dazu geeignet sind und die Sicherheit der Patienten, Anwender, Beschäftigten oder Dritten gewährleistet ist. Da im Telenotarzt-System sowohl an der Einsatzstelle als auch in der TNA-Zentrale nach MPG zugelassene Produkte zum Einsatz kommen, gibt es Grund zu der Annahme, dass die Konsortialpartner die Schnittstelle zu einem Datennetz in ihre Konformitätsbewertung mit einbezogen und somit eventuelle Risiken im Hinblick auf den bestehenden Nutzen bewertet haben.[443]

Allerdings obliegen den Anwendern und Betreibern von Medizinprodukten weitere Pflichten, denen sie entsprechend den einschlägigen gesetzlichen Bestimmungen nachkommen müssen, um sich gegen Schadensersatzansprüche abzusichern.[444] Dabei sieht sich der Rettungsdienstträger in seiner Betreibereigenschaft in einer besonderen Verantwortung, da er die Anwendung von Medizinprodukten an Patienten an sein Personal delegiert. Er hat gem. § 4 Abs. 2 MPBetreibV sicherzustellen, dass die Medizinprodukte nur von solchen Personen eingesetzt werden, die die dafür erforderliche Ausbildung oder Kenntnis und Erfahrung besitzen.[445] Die Durchführung regelmäßiger Mitarbeiterschulungen gewinnt somit bei der Implementierung des Telenotarzt-Systems erheblich an Bedeutung.[446] Werden alle beschriebenen Maßnahmen ergriffen und die Medizinprodukte

---

440 Vgl. Teil 4 I.
441 Vgl. Teil 4 II.
442 Vgl. Teil 4 III.
443 Vgl. Teil 4 III.
444 Vgl. Teil 4 III.
445 Vgl. Teil 4 III.
446 Vgl. Teil 4 III.

Teil 6. Zusammenfassung der wesentlichen Ergebnisse

unter Berücksichtigung der Zweckbestimmung des Herstellers eingesetzt, kann ein qualitativ hoher, sicherer und bestimmungsgemäßer Einsatz von Medizinprodukten im Rahmen des Telenotarzt-Systems gewährleistet werden.

IV. Datenschutzrechtliche Aspekte

Im Rahmen des Telenotarzt-Systems werden hochsensible Daten der Patienten erhoben und verarbeitet.[447] Das von dem verfassungsrechtlich anerkannten Recht auf informationelle Selbstbestimmung geprägte Datenschutzrecht stellt hohe Anforderungen an die Rechtmäßigkeit der Verarbeitung der Patientendaten.[448] Es sind die besonderen Voraussetzungen und Anforderungen der DS-GVO, des BDSG und des DSG NRW einzuhalten. Da es sich bei dem jeweiligen Rettungsdienstträger in NRW um eine öffentliche Stelle des Landes handelt, sind für diesen Bereich in Ergänzung zur DS-GVO die in Teil 2 des DSG NRW geregelten Durchführungsbestimmungen einschlägig.[449]

Der im Datenschutzrecht geltende Grundsatz der „Datenminimierung" (Art. 5 Abs. 1 lit. c) DS-GVO) scheint auf den ersten Blick dem Einsatz der Telemedizin entgegenzustehen,[450] doch ist die Verarbeitung der Patientendaten beim Einsatz des Telenotarzt-Systems bei Vorliegen eines Rechtfertigungsgrundes zulässig.[451] Ein solcher Rechtfertigungsgrund kann sich aus einer Einwilligung in die Datenverarbeitung ergeben, wobei im Behandlungsgeschehen die Einwilligung in die ärztliche Behandlung noch keine Einwilligung in jede Form der Datenverarbeitung darstellt.[452] Weitere Rechtfertigungsgründe bilden etwa der Schutz lebenswichtiger Interessen und die Datenverarbeitung zum Zwecke der Gesundheitsvorsorge.[453] In Bezug auf das Telenotarzt-System hat dies zur Folge, dass die Übermittlung der Patientendaten von der TNA-Zentrale in die für den konkreten Notfall ausgewählte Aufnahmeklinik zulässig ist, solange diese Übermittlung zur weiteren Behandlung erforderlich ist und die Verarbeitung der

---

447 Vgl. Teil 5 III. 2.
448 Vgl. Teil 5 III. 3. a.
449 Vgl. Teil 5 II.
450 Vgl. Teil 5 III. 4.
451 Vgl. Teil 5 III. 3.
452 Vgl. Teil 5 III. 3. aa.
453 Vgl. Teil 5 III. 3. bb. und cc.

Daten durch ärztliches oder sonstiges Personal erfolgt, das einer entsprechenden Geheimhaltungspflicht unterliegt.[454]

Zu beachten sind ferner die Grundsätze der Zweckbindung, Erforderlichkeit und Verhältnismäßigkeit der Datenverarbeitung. Der gebotenen Sicherheit der Patientendaten muss durch entsprechende technische Vorkehrungen und Schutzmaßnahmen beim Einsatz des Telenotarzt-Systems nachgekommen werden, insb. durch verschlüsselte Datenübertragung durch Codierung oder Kryptographie vom und zum Einsatzort sowie von der TNA-Zentrale in die aufnehmende Klinik oder durch den Einsatz von Anonymisierungs- oder Pseudonymisierungsverfahren.[455]

V. Ausblick

Festzuhalten bleibt, dass mit Implementierung des Telenotarzt-Systems in NRW insgesamt eine Verbesserung des Rettungsablaufs und damit einhergehend eine Qualitätssteigerung in der präklinischen Notfallmedizin mit Sicherung einer leitlinienkonformen Versorgung bei gleichzeitiger Kostenreduktion zu erwarten ist. Die Effizienzsteigerung der Notarzteinsätze muss analysiert werden und gleichzeitig eine Optimierung der gesamten Prozesskette von Rettungseinsätzen und der Einführung eines umfassenden Qualitätsmanagements im Rettungsdienst erfolgen. Ziel bleibt die Weiterentwicklung des Einsatzes telemedizinischer Methoden im Rettungsdienst. Insbesondere die beteiligten Mediziner und die berufsspezifischen Fachgremien bleiben aufgerufen, sichere Grundlagen für den Einsatz der Telemedizin auszubilden und fortzuentwickeln, Gefährdungspotenziale zu minimieren und so eine bestmögliche Patientenversorgung im Rettungsdienst sicherzustellen.

---

454 Vgl. Teil 5 III. 3. cc.
455 Vgl. Teil 5 III. 4.

Literaturverzeichnis

Achterfeld, Claudia: Aufgabenverteilung im Gesundheitswesen, Berlin/Heidelberg 2014.

Ahnefeld, Friedrich Wilhelm/Altemeyer, Karl-Heinz/Dick, Wolfgang Friedrich/Dirks, Burkhard/Lackner, Christian/Stratmann, Dieter: Die personelle Situation im Rettungsdienst, in: Notfall + Rettungsmedizin 2003, S. 526-532.

Andreas, Manfred: Entwurf eines Gesetzes zur Reform der Notfallversorgung, in: ArztR 2020, S. 117-122.

Becker, Ulrich/Kingreen, Thorsten (Hrsg.): SGB V Gesetzliche Krankenversicherung, Kommentar, 7. Aufl., München 2020.

Bender, Bernd: Staatshaftungsrecht, 3. Aufl., Heidelberg/Karlsruhe 1981.

Berg, Wilfried: Telemedizin und Datenschutz, in: MedR 2004, S. 411-414.

Bergmann, Karl Otto: Die Organisation des Krankenhauses unter haftungsrechtlichen Gesichtspunkten, in: VersR 1996, S. 810-817.

ders.: Delegation und Substitution ärztlicher Leistungen auf/durch nichtärztliches Personal, in: MedR 2009, S. 1-10.

ders.: Telemedizin und das neue E-Health-Gesetz – Überlegungen aus arzthaftungsrechtlicher Perspektive, in: MedR 2016, S. 497-502.

ders./Pauge, Burkhard/Steinmeyer, Heinz-Dietrich (Hrsg.): Gesamtes Medizinrecht, 3. Aufl., Baden-Baden 2018.

Bohne, Kerstin: Delegation ärztlicher Tätigkeiten, Frankfurt a.M. 2012.

Boll, Matthias: Strafrechtliche Probleme bei Kompetenzüberschreitungen nichtärztlicher medizinischer Hilfspersonen in Notsituationen, Berlin/Heidelberg 2000.

ders.: Rettungsdienstliche Kompetenzgrenzen und das Strafrecht, in: MedR 2002, S. 232-234.

Brandes, Thomas: Die Haftung für Organisationspflichtverletzung, Frankfurt a.M. 1994.

Brink, Stefan/Wolff, Heinrich Amadeus (Hrsg.): Beck'sche Online-Kommentare, Datenschutzrecht, 35. Ed., München 2021.

Brüggemeier, Gert: Haftungsrecht: Struktur, Prinzipien, Schutzbereich, Berlin/Heidelberg 2006.

Buchner, Benedikt: Datenschutz und Datensicherheit in der digitalisierten Medizin, in: MedR 2016, S. 660-664.

ders. (Hrsg.): Der NEUE Datenschutz im Gesundheitswesen, Bremen/Remagen 2018.

ders./Schwichtenberg, Simon: Gesundheitsdatenschutz unter der Datenschutz-Grundverordnung, in: GuP 2016, S. 218-225.

Literaturverzeichnis

Clausen, Tilmann/Schroeder-Printzen, Jörn (Hrsg.): Münchener AnwaltsHandbuch Medizinrecht, 3. Aufl., München 2020.

Dauner-Lieb, Barbara/Langen, Werner (Hrsg.): NomosKommentar BGB, Band 2/2, Schuldrecht (§§ 611-853), 3. Aufl., Baden-Baden 2016.

Deutsch, Erwin: Ressourcenbeschränkung und Haftungsmaßstab im Medizinrecht, in: VersR 1998, S. 261-265.

ders.: Die Aufklärung bei Medizinprodukten, in: VersR 2006, S. 1145-1149.

ders.: Die Auslagerung medizinischer Maßnahmen in das In- und Ausland – Haftungsrechtliche und versicherungsrechtliche Aspekte der Telemedizin und des Outsourcings diagnostischer, therapeutischer und experimenteller Behandlung, in: VersR 2007, S. 1323-1329.

ders./Lippert, Hans-Dieter/Ratzel, Rudolf/Tag, Brigitte/Gassner, Ulrich M.: Medizinproduktegesetz, 3. Aufl., Berlin 2018.

Deutsche Gesellschaft für Medizinrecht (DGMR) e.V.: „Einbecker Empfehlungen" zu Rechtsfragen der Telemedizin, 8. Einbecker Workshop (1999), in: MedR 1999, S. 557-558.

Dielmann, Gerd/Malottke, Annette: Notfallsanitätergesetz und Ausbildungs- und Prüfungsverordnung für Notfallsanitäterinnen und Notfallsanitäter, Text und Kommentar, Frankfurt a.M. 2017.

Dierks, Christian: Der Rechtsrahmen der Fernbehandlung in Deutschland und seine Weiterentwicklung, in: MedR 2016, S. 405-410.

ders./Feussner, Hubertus/Wienke, Albrecht: Rechtsfragen der Telemedizin, Berlin/Heidelberg 2000.

ders./Nitz, Gerhard/Grau, Ulrich: Gesundheitstelematik und Recht – Rechtliche Rahmenbedingungen und legislativer Anpassungsbedarf, Frankfurt a.M. 2003.

Dittrich, Tilmann: Corona beschert Notfallsanitätern die Heilkunde-Erlaubnis – wann aber kommt die Rechtssicherheit?, in: GuP 2020, S. 189-195.

Dochow, Carsten: Unterscheidung und Verhältnis von Gesundheitsdatenschutz und ärztlicher Schweigepflicht (Teil 2), in: MedR 2019, S. 363-368.

ders.: Telemedizin und Datenschutz, in: MedR 2019, S. 636-648.

ders.: Datenschutz und Schweigepflicht, Hürden bei der Weitergabe von Patientendaten an Private Verrechnungsstellen, in: MedR 2020, S. 348-359.

Dörrenbächer, Simon/Singler, Philipp: Die Heilkundebefugnis für nichtärztliches Rettungsdienstpersonal - Zum Haftungsrahmen im Bereich der präklinischen Notfallmedizin infolge der Änderung des Notfallsanitätergesetzes – Chancen und Risiken, in: MedR 2021, Heft 6, im Erscheinen.

Dreier, Horst (Hrsg.): Grundgesetz, Kommentar, Bd. II: Art. 20-82, 3. Aufl., Tübingen 2015.

Eberbach, Wolfram: Wird die ärztliche Aufklärung zur Fiktion? (Teil 1), in: MedR 2019, S. 1-10.

Egberts, Alexander/Monschke, Julian: Einführung in das neue Datenschutzrecht unter der EU-Datenschutz-Grundverordnung, in: JURA 2018, S. 1100-1109.

Erbs, Georg/Kohlhaas, Max: Strafrechtliche Nebengesetze, 230. EL, München 2020.

Erman, Walter (Begr.): Handkommentar zum Bürgerlichen Gesetzbuch, Bd. II, 16. Aufl., Köln 2020.

Fehn, Karsten: Strafbarkeitsrisiken für Notärzte und Aufgabenträger in einem Telenotarzt-System, in: MedR 2014, S. 543-552.

ders.: Analgesie mit opiodhaltigen Arzneimitteln durch Notfallsanitäter unter der Geltung des Notfallsanitätergesetzes, in: MedR 2017, S. 453-459.

ders./Lechleuthner, Alexander: Amtshaftung bei notärztlichem Behandlungsfehler, in: MedR 2000, S. 114-122.

ders./Selen, Sinan: Rechtshandbuch für Feuerwehr und Rettungsdienst, 2. Aufl., Edewecht/Wien 2003.

Field, Marilyn J.: Telemedicine, Washington D.C. 1996.

Fischer, Gerfried: Die mutmaßliche Einwilligung bei ärztlichen Eingriffen, in: Festschrift für Erwin Deutsch zum 70. Geburtstag, Köln/Berlin/Bonn/München 1999, S. 545-560.

Flentje, Markus/Schulte, Daniel/Askamp, André/Scheinichen, Frank/Eismann, Hendrik: Erlernen „erweiterter Maßnahmen" in der Ausbildung zum Notfallsanitäter, in: Notfall + Rettungsmedizin 2020, S. 325-335.

Frahm, Wolfgang/Walter, Alexander: Arzthaftungsrecht, 7. Aufl., Karlsruhe 2020.

Francke, Robert/Hart, Dieter: Charta der Patientenrechte, Baden-Baden 1999.

Franzki, Harald: Von der Verantwortung des Richters für die Medizin – Entwicklungen und Fehlentwicklungen der Rechtsprechung, in: MedR 1994, S. 171-179.

Geilen, Gerd: Einwilligung und ärztliche Aufklärungspflicht, Bielefeld 1963.

Genske, Anna: Gesundheit und Selbstbestimmung – Voraussetzungen und Folgen der Einwilligungs(un)fähigkeit von Patienten, Berlin/Heidelberg 2020.

Giesen, Dieter: Anmerkung zu BGH, Beschl. v. 25.3.1988, 2 StR 93/88, aus zivilrechtlicher Sicht, in: JZ 1988, S. 1030-1032.

ders.: Arzthaftungsrecht, 6. Aufl., Tübingen 2009.

Gola, Peter/Heckmann, Dirk (Hrsg.): Bundesdatenschutzgesetz, Kommentar, 13. Aufl., München 2019.

ders./Schomerus, Rudolf: Bundesdatenschutzgesetz, Kommentar, 9. Aufl., München 2007.

Großkopf, Volker/Klein, Hubert: Recht in Medizin und Pflege, 5. Aufl., Balingen 2019.

Haas, Peter: Gesundheitstelematik, Grundlagen, Anwendungen, Potenziale, Heidelberg 2006.

Hahn, Erik: Telemedizin und Fernbehandlungsverbot, Eine Bestandsaufnahme zur aktuellen Entwicklung, in: MedR 2018, S. 384-391.

Hart, Dieter: Ärztliche Leitlinien, Definitionen, Funktionen, rechtliche Bewertungen, in: MedR 1998, S. 8-16.

ders.: Patientensicherheit, Fehlermanagement, Arzthaftungsrecht – zugleich ein Beitrag zur rechtlichen Bedeutung von Empfehlungen, in: MedR 2012, S. 1-15.

ders.: Kongruenz und Kontinuität in der Entwicklung von Medizin und Medizinrecht, in: MedR 2015, S. 1-110.

ders.: Haftungsrecht und Standardbildung in der modernen Medizin, e:med und Probleme der Definition des Standards, in: MedR 2016, S. 669-675.

ders.: Patientensicherheit im Medizin- und Gesundheitsrecht, in: MedR 2019, S. 509-518.

Häser, Isabel: Fehler des Konsiliararztes, Haften Krankenhausträger und Chefarzt?, in: Der Klinikarzt 2008, S. 340-341.

Hau, Wolfgang/Poseck, Roman (Hrsg.): Beck'sche Online-Kommentare, BGB, 57. Ed., München 2021.

Heintschel-Heinegg, Bernd v. (Hrsg.): Beck'sche Online-Kommentare, StGB, 49. Ed., München 2021.

Hermeler, Angelika Elisabeth: Rechtliche Rahmenbedingungen der Telemedizin, München 2000.

Hobusch, Sandra/Ochs, Sebastian: Rechtsprechungsübersicht zum Medizinprodukterecht und angrenzenden Gebieten, in: MedR 2009, S. 15-25.

Hofmann, Johanna M./Johannes, Paul C.: DS-GVO, Anleitung zur autonomen Auslegung des Personenbezugs, in: ZD 2017, S. 221-226.

Jansen, Christoph: Der Medizinische Standard, Berlin/Heidelberg 2019.

Jauernig, Othmar (Hrsg.): Bürgerliches Gesetzbuch, 17. Aufl., München 2018.

Kage, Uwe: Das Medizinproduktegesetz, Heidelberg 2004.

Katzenmeier, Christian: Arzthaftung, Tübingen 2002.

ders.: Arbeitsteilung, Teamarbeit und Haftung, in: MedR 2004, S. 34-40.

ders.: Grundlagen und Entwicklungen des Organisationsverschuldens, in: ZaeFQ 2007, S. 531- 535.

ders.: Verrechtlichung der Medizin, in: Katzenmeier, Christian/Bergdolt, Klaus (Hrsg.): Das Bild des Arztes im 21. Jahrhundert, Berlin/Heidelberg 2009, S. 45-59.

ders.: Der Behandlungsvertrag, Neuer Vertragstypus im BGB, in: NJW 2013, S. 817-823.

ders.: Rechtsfragen der Digitalisierung des Gesundheitswesens, Köln 2019.

ders.: Big Data, E-Health, M-Health, KI und Robotik in der Medizin, in: MedR 2019, S. 259-271.

ders.: Haftungsrechtliche Grenzen ärztlicher Fernbehandlung, in: NJW 2019, S. 1769-1774.

ders./Schrag-Slavu, Stefania: Rechtsfragen des Einsatzes der Telemedizin im Rettungsdienst, Berlin/Heidelberg 2010.

ders./Voigt, Tobias: ProdHaftG, 7. Aufl., Berlin 2020.

Kill, Clemens/Greb, I./Wranze, E./Hartmann, H./Hündorf, H.P./Gliwitzky, B./Wulf, H.: Kompetenzentwicklung im Rettungsdienst, in: Notfall + Rettungsmedizin 2007, S. 266-272.

Killinger, Elmar: Die Besonderheiten der Arzthaftung im medizinischen Notfall, Heidelberg 2009.

Klauber, Jürgen/Geraedts, Max/Friedrich, Jörg/Wasem, Jürgen (Hrsg.): Krankenhaus-Report 2019, Berlin/Heidelberg 2019.

Koch, Bernhard/Wendt, Michael/Lackner, Christian K./Ahnefeld, Friedrich Wilhelm: Herausforderungen an die Notfallversorgung der Zukunft: „Regional Health Care" (RHC), in: Notfall + Rettungsmedizin 2008, S. 491–499.

Krümpelmann, Justus: Schutzzweck und Schutzreflex der Sorgfaltspflicht, in: Festschrift für Paul Bockelmann zum 70. Geburtstag am 7. Dezember 1978, München 1979, S. 443-464.

Kühling, Jürgen: Neues Bundesdatenschutzgesetz, Anpassungsbedarf bei Unternehmen, in: NJW 2017, S. 1985-1990.

ders./Buchner, Benedikt (Hrsg.): Datenschutz-Grundverordnung/BDSG, 2. Aufl., München 2018.

Kullmann, Hans Josef: Übereinstimmungen und Unterschiede im medizinischen, haftungsrechtlichen und sozialversicherungsrechtlichen Begriff des medizinischen Standards, in: VersR 1997, S. 529-532.

Lackner, Karl/Kühl, Kristian: Strafgesetzbuch, Kommentar, 29. Aufl., München 2018.

Laufs, Adolf/Katzenmeier, Christian/Lipp, Volker: Arztrecht, 8. Aufl., München 2021.

ders./Kern, Bernd-Rüdiger/Rehborn, Martin (Hrsg.): Handbuch des Arztrechts, 5. Aufl., München 2019.

Lechleuthner, Alex/Funk, Peter: Notkompetenzsystem, Struktur, Konzept, Qualitätssicherung, Edewecht 1996.

Lippert, Hans-Dieter: Die Rechtsstellung des niedergelassenen Arztes im Rettungs- und Notarztdienst, in: MedR 1983, S. 167-170.

Lissel, Patrick M.: Strafrechtliche Verantwortung in der präklinischen Notfallmedizin, Frankfurt a.M. 2001.

ders.: Rechtsfragen im Rettungswesen, 3. Aufl., Stuttgart/München 2014.

Lubrich, Felix: Das neue Notfallsanitätergesetz: Mehr Sicherheit für Rettungsfachpersonal?, in: MedR 2013, S. 221-228.

Luxem, Jürgen/Rungaldier, Klaus/Karutz, Harald/Flake, Frank: Notfallsanitäter Heute, 7. Aufl., München 2020.

Mitsch, Wolfgang: Die „hypothetische Einwilligung" im Arztstrafrecht, in: JZ 2005, S. 279–285.

Narr, Helmut (Begr.): Ärztliches Berufsrecht, 28. Aktualisierung, Köln 2018.

Niederlag, Wolfgang/Dierks, Christian/Rienhoff, Otto/Lemke, Heinz U. (Hrsg.): Rechtliche Aspekte der Telemedizin, Dresden 2006.

Ortner, Roderic/Daubenbüchel, Felix: Medizinprodukte 4.0, Haftung, Datenschutz, IT-Sicherheit, in: NJW 2016, S. 2918-2924.

Ossenbühl, Fritz/Cornils, Matthias: Staatshaftungsrecht, 6. Aufl., München 2013.

Palandt, Otto (Begr.): Bürgerliches Gesetzbuch, Kommentar, 79. Aufl., München 2020.

Pauge, Burkhard/Offenloch, Thomas: Arzthaftungsrecht, 14. Aufl., Köln 2018.

Pfeiffer, Doris: Die Bedeutung der Telematik für Qualität und Effizienz des Gesundheitswesens, in: Gesellschaft für Versicherungswissenschaft und -gestaltung (GVG) e.V. (Hrsg.): Telematik im Gesundheitswesen, Perspektiven und Entwicklungsstand, Berlin 2005, S. 23-32.

Pflüger, Frank: Haftungsfragen der Telemedizin, in: VersR 1999, S. 1070-1075.

Prütting, Dorothea: Rettungsgesetz Nordrhein-Westfalen, Kommentar, 4. Aufl., Stuttgart 2016.

Prütting, Jens/Wolk, Jan: Software unter dem Regime der europäischen Medizinprodukteverordnung, in: MedR 2020, S. 359-365.

Ratzel, Rudolf/Lippert, Hans-Dieter/Prütting, Jens: Kommentar zur Musterberufsordnung der deutschen Ärzte (MBO-Ä 1997), 7. Aufl., Berlin 2018.

Rehborn, Martin: Aktuelle Entwicklungen im Arzthaftungsrecht, in: MDR 2000, S. 1101-1110.

Rehmann, Wolfgang A./Wagner, Susanne A.: Medizinproduktegesetz, 3. Aufl., München 2018.

Rieger, Hans-Jürgen/Dahm, Franz-Josef/Katzenmeier, Christian/Stellpflug, Martin/Ziegler, Ole: Heidelberger Kommentar Arztrecht, Krankenhausrecht, Medizinrecht, 84. Aktualisierung, Heidelberg/München 2021.

Rinne, Eberhard/Schlick, Wolfgang: Die Rechtsprechung des BGH zu den öffentlich-rechtlichen Ersatzleistungen, in: NJW 2005, S. 3541-3550.

Roxin, Claus: Über die mutmaßliche Einwilligung, in: Festschrift für Hans Welzel, Berlin/New York 1974, S. 447-475.

ders.: Die notstandsähnliche Lage, ein Strafunrechtsausschließungsgrund?, in: Festschrift für Dietrich Oehler, Köln 1985, S. 181-196.

Sachs, Michael (Hrsg.): Grundgesetz, Kommentar, 8. Aufl., München 2018.

Säcker, Franz Jürgen/Rixecker, Roland/Oetker, Hartmut/Limperg, Bettina (Hrsg.): Münchener Kommentar zum Bürgerlichen Gesetzbuch, Bd. 1, Allgemeiner Teil (§§ 1-240), 8. Aufl., München 2018; Bd. 5, Schuldrecht Besonderer Teil II (§§ 535-630h), 8. Aufl., München 2020; Bd. 7, Schuldrecht Besonderer Teil IV (§§ 705-853), 8. Aufl., München 2020.

Schantz, Peter: Die Datenschutz-Grundverordnung, Beginn einer neuen Zeitrechnung im Datenschutzrecht, in: NJW 2016, S. 1841-1847.

Schmid, Hugo: Die Grenzen der Therapiefreiheit, in: NJW 1986, S. 2339-2343.

Scholz, Rainer: Zur Arzthaftung bei Tätigwerden mehrerer Ärzte, in: JR 1997, S. 1-4.

Schönke, Adolf/Schröder, Horst: Strafgesetzbuch, Kommentar, 30. Aufl., München 2019.

Schroeder-Printzen, Günther: Zur Leistungspflicht der Krankenkassen für eine Drogensubstitution mit Remedacen und zur Kostenübernahme von alternativen Behandlungsmethoden, in: MedR 1996, S. 376-379.

Schulze, Reiner (Schriftl.)/*Dörner, Heinrich/Ebert, Ina/Hoeren, Thomas/Kemper, Rainer/Saenger, Ingo/Scheuch, Alexander/Schreiber, Klaus/Schulte-Nölke, Hans/Staudinger, Ansgar/Wiese, Volker*: Bürgerliches Gesetzbuch, Handkommentar, 10. Aufl., Baden-Baden 2019.

Schwartmann, Rolf/Pabst, Heinz-Joachim (Hrsg): Landesdatenschutzgesetz Nordrhein-Westfalen, Baden-Baden 2020.

Shirvani, Foroud: Zivildienst und Amtshaftung, in: NVwZ 2010, S. 283-288.

Siglmüller, Jonas: Rechtsfragen der Fernbehandlung, München 2020.

Simitis, Spiros (Hrsg.): Bundesdatenschutzgesetz, Kommentar, 6. Aufl., Baden-Baden 2006.

ders./Hornung, Gerrit/Spiecker, Indra (Hrsg): Datenschutzrecht DSGVO mit BDSG, Baden-Baden 2019.

Skorning, Max/Bergrath, Sebastian/Rörtgen, Daniel/Brokmann, Jörg Christian/Beckers, Stefan/Protogerakis, Michael/Brodziak, Tadeusz/Rossaint, Rolf: „E-Health" in der Notfallmedizin, das Forschungsprojekt Med-on-@ix, in: Der Anästhesist 2009, S. 285-292.

Soergel, Hans Theodor (Begr.): Bürgerliches Gesetzbuch, Kommentar, Bd. 12, Schuldrecht 10 (§§ 823-853), 13. Aufl., Stuttgart 2005.

Spickhoff, Andreas (Hrsg.): Medizinrecht, 3. Aufl., München 2018.

Staudinger, Julius v. (Begr.): Kommentar zum Bürgerlichen Gesetzbuch, Buch 2, Recht der Schuldverhältnisse §§ 839, 839a (Unerlaubte Handlungen 4 – Amtshaftung), Berlin 2020.

Steffen, Erich: Einfluss verminderter Ressourcen und von Finanzierungsgrenzen aus dem Gesundheitsstrukturgesetz auf die Arzthaftung, in: MedR 1995, S. 190-191.

ders.: Der sogenannte Facharztstatus aus der Sicht der Rechtsprechung des BGH, in: MedR 1995, S. 360-361.

ders.: Einige Überlegungen zur Haftung für Arztfehler in der Telemedizin, in: Festschrift für Hans Stoll, Tübingen 2001, S. 71-89.

Stegers, Christoph-M.: Haftungsrechtliche Probleme der Behandlung in der Notfallaufnahme, in: ZMGR 2007, S. 65-69.

Stelkens, Ulrich: Amtshaftung und Regress bei Schädigungen durch Verwaltungshelfer, in: JZ 2004, S. 656-661.

Stellpflug, Martin: Arzthaftung bei der Verwendung telemedizinischer Anwendungen, in: GesR 2019, S. 76-81.

Sträter, Burkhard: Europäische Regulierung des Medizinprodukterechts, in: NZS 2020, S. 530-534.

Sydow, Gernot (Hrsg.): Bundesdatenschutzgesetz, Baden-Baden 2020.

Tachezy, Dorothea: Mutmaßliche Einwilligung und Notkompetenz in der präklinischen Notfallmedizin, Frankfurt a.M. 2009.

Taupitz, Jochen: Rechtliche Bindungen des Arztes, Erscheinungsweisen, Funktionen, Sanktionen, in: NJW 1986, S. 2851-2861.

Tinnefeld, Marie-Theres/Conrad, Isabell: Die selbstbestimmte Einwilligung im europäischen Recht, in: ZD 2018, S. 391-398.

Literaturverzeichnis

Ulsenheimer, Klaus (Hrsg.): Arztstrafrecht in der Praxis, 5. Aufl., Heidelberg 2015.

ders./Heinemann, Nicola: Rechtliche Aspekte der Telemedizin, Grenzen der Telemedizin?, in: MedR 1999, S. 197-203.

Wasserburg, Klaus: Rechtsprechungsübersicht zum Arztstrafrecht, Januar 1997 bis Mai 2002, in: NStZ 2003, S. 353–363.

Webel, Dirk: Medizinprodukterecht, Berlin 2009.

Weichert, Thilo: Big Data und Datenschutz, Chancen und Risiken einer neuen Form der Datenanalyse, in: ZD 2013, S. 251-259.

Wenzel, Frank (Hrsg.): Handbuch des Fachanwalts Medizinrecht, 4. Aufl., Köln 2020.

Windthorst, Kay: Staatshaftungsrecht, in: JuS 1995, S. 791-796.

Wirbel-Rusch, Angelika: Telemedizin, Haftungsfragen, Wien 2001.